# 무엇이 미친정치를 지배하는가?

원희룡 지음

이얀우

# 숨은 그림 찾기

"안녕들 하십니까?"라는 어느 대학생의 외침이 비정규직 청소부, 대학 교수, 출판사 직원들의 노동 현장까지 확대되고 있다. 대자보의 내용을 보고 있자니 요즘 내가 만난 사람들의 얼굴이 하나하나 겹쳐진다.

대학 졸업을 미루면서 취업 재수, 삼수를 한 끝에 임시직 교사와 대기업 인턴이 된 20대 청년들, 반전세로 신혼집을 구했지만 오르는 월세 값을 못 견디고 일 년 만에 서울 외곽 지역으로 이사를 결정한 렌트푸어 부부, 아이 맡길 곳이 없어 새벽부터 유치원 추첨에 줄을 서는 젊은 맞벌이 부부, 자녀 교육을 위해 뿔뿔이 흩어져 사는 기러기 가족, 퇴직 후 창업한 편의점에 자신의 노후를 건 중년 남성……. 이들 모두가 "안녕들 하십니까?"라는 물음에 "안녕치 못하다"고 울부짖고 있었다.

우리 사회 곳곳에 있는 삶의 아픔을 대할 때마다 마음이 먹먹해진다. 특히 그들을 괴롭히는 현실이 사회의 구조적인 문제와 맞물려 있다 느낄 때, 그래서 우리 사회가 풀어야 할 문제라 생각될 때 내 마음은 더욱 답답해진다.

그러나 내가 십 년 넘게 몸담고 있는 우리의 정치권은 이들을 보려 하지 않는다. 그 견고한 벽 안까지 국민의 절망적인 아우성은 미치지 않는다. 국민의 의사를 대변하고, 각 계층의 의견에 귀 기울여 갈등을 협의하고 통합해야 하지만, 한쪽은 엘리트와 부자 딱지를 벗지 못한 채 국민의 아픔과 멀어져 있고, 다른 한쪽은 여전히 학생 운동 시절의 이념 논쟁에 머물며 국민의 실제 생활과 동떨어진 문제를 부르짖는다.

최근 술자리에서 우연히 듣게 된 옆 자리 젊은이들의 이야기는 나를 더욱 창피하고, 미안하고, 괴롭게 했다.

"투표용지에 '국회의원 필요 없음'이라는 기표 란을 두면 거기 찍는 사람이 제일 많을 거야."

그들은 내게 "당신은 지난 12년 동안 국회의원을 하면서 무엇을 했고, 그 결과가 무엇이냐?"고 묻고 있었다.

나는 고개를 들 수 없었다.

지난 총선에 출마하지 않았다. 이대로는 아무런 의미가 없었다. 나에게는 국회의원이라는 직함보다 12년이라는 시간을 정리할 시간이 필요했고, 절실했다. 이 책은 지난 12년 동안 부족하고 무능력했던 나에 대한 반성문이자 우리 정치에 대한 반성문이다. 무엇이 우리의 정치를 끝없는 대립과 불통으로 몰아넣고 있는지, 왜 국회의 편 가르기 대결 정치는 끝없이 반복되는지, 무엇이 대통령의 권력을 무소불위로 만드는지, 그래서 결국 정치인 모두를 패자로 만들며 국민을 실망시키고 마는지에 대한 고백이다.

대한민국의 병든 정치, 미친 정치를 바꿔야 할 때다. 정치권에서 선거 때만 되면 나왔다 사라지는 반성과 혁신안들, 그저 순간의 위기를 모면하기 위한 방편들이 아닌 보다 근본적인 이야기를 해야 할 때다.

나는 이 책을 통해 우리 정치의 구조적인 문제들, 숨은 그림 찾기처럼 구석구석에 꼭꼭 숨어 정치를 병들게 하는 진짜 이유들을 이야기 해 보려 한다.

진짜를 알아야만, 진짜로 바꿀 수 있다.

**목 차**

# 1장

# 대통령만
# 있는
# 나라

# 최악의 결정

2011년 4월, 새누리당은 당내 권력 이동기에 있었다. 이명박 정부의 대중적 인기도는 이미 땅에 떨어진 지 오래였고, 예상대로 마지막 보궐 선거였던 경기도 분당에서 패배했다. 당 지도부는 이에 대한 책임을 지고 물러났다. 2012년 총선과 대선이라는 정치 최대 이벤트를 1년도 채 남기지 않은 시점에 당 대표와 지도부 자리는 모두 공석이 되었다.

이명박 정권 동안 당의 주도권을 쥐었던 친이계는 와해 일보 직전에 있었다. 당 지도부에 입성하고자 자원하는 이가 없을 정도로 친이계 내의 분위기는 좋지 않았다. 새누리당의 모든 권력은 박근혜 의원을 중심으로 한 이른바 친박계로 몰리고 있었다.

이런 가운데 최대 현안은 '누가 당 대표를 맡을 것인가'였다. 자리는 비어 있으나 이를 맡을 이가 모호했다. 차기 권력을 꿈꾸는 친박계에게 당시의 당 대표직은 전혀 매력적이지 않았다. 당의 전면에 나설 경우, 이명박 정부가 그동안 행한 실정(失政)을 자신들이 고스란히 뒤집어쓰게 될 터였다. 자칫하면 이미 국민의 지지를 잃은 지 오래인 전 정권의 바통을 넘겨받을 수 있다는 정치적 부담감이 친박계를 짓누르고 있었다. 친이계 역시 국민에게 환영받지 못하고 있는 이명박 정권의 마지막 정리를 선뜻 자처할 이가 없었다. 그렇게 당 대표라는 권력은 무주공산(無主空山)에 놓여 있었다.

그 공간을 뛰어난 정치적 감각으로 파고든 것이 홍준표 현 경남 도지사였다. 그가 MB정부의 실정이라는 정치적 부담을 안고도 틈새를 파고든 것은, 단연 공천권 때문이었다. 뒤에서도 설명을 하겠지만 당 대표의 힘은 공천권을 등에 업고 확대된다. 특히 총선이나 대선을 앞둔 상황에서 이 힘은 막강하다. 그는 타고난 정치적 순발력을 바탕으로 결단을 내렸다.

나 역시 깊은 고민에 빠져 있었다.

'지난 12년간 난 무엇을 했는가? 당내 소장파라는 이름으로 끊임없이 새로운 변화를 외쳤지만 무엇을 바꾸었는가?'

나는 현실적인 물음에 명확한 답을 내 놓을 수 없었다. 그 야말로 무력한 모습이었다. 당내 소장파이자 개혁 세력으로서 3선의 중진 의원이 되었지만, 지금 나는 당의 개혁에 있어 무엇을 할 수 있는가. 나아가 대한민국의 정치 혁신을 위해 어떤 역할을 하고 있는가에 대한 반성과 회의감이 밀려들었다.

이명박 대통령은 나를 불렀다. 약 두 시간 정도 되는 독대였다. 이 자리는 사실상 정치적인 거래를 위한 것이었다. 그는 내게 마지막 당 대표를 청했다. 누가 생각해도 내겐 잃을 것이 많은 자리였다.

주변의 많은 이들이 내 앞에 놓인 독배의 잔을 말렸다. 그러나 내게도 이젠 정치적 승부수가 필요했다. 더 이상 이렇게 4선이 되고 5선이 되는 것은 큰 의미가 없어 보였다. 현실적이며 근본적인 당의 혁신을 위해서는 당의 중심에 설 기회가 필요했다. 지금이 바로 그 기회라고 생각했다. 난 그렇게 제안을 받아들였다. 그때 내가 내건 조건은 세 가지였다.

하나. 다가올 선거에서 새로운 변화를 낳을 수 있는 공천을 한다.

둘. 친서민 정책을 확대한다.

셋. 현재 극도로 심화된 당내 계파 간 대립을 평화롭게 전환한다.

그렇게 나는 정치 생명을 걸고 주사위를 던졌다.

친이계의 대표 주자로 당 대표에 나섰지만 현실은 내 생각과 전혀 다르게 흐르고 있었다. 청와대는 약속과 다르게 나와 홍준표 의원, 나경원 의원까지 총 3명의 후보를 동시다발적으로 지원하고 있었다.

그들에게는 권력 이양 후에 생길 일에 대한 일종의 보험이자 안전장치가 필요했다. 한 명만 지원하고 믿기에는 이미 당내 판도가 너무 복잡하게 돌아가고 있었다. 결과적으로, 청와대는 셋 모두가 당 대표가 되지 못하는 최악의 상황에 빠진다 할지라도 둘 정도는 최고 위원에 입성하게 될 테니, 자신들의 안전장치에는 문제가 없으리라는 판단을 내린 것이었다.

내가 출마를 결심했을 즈음 이미 많은 국회의원들이 홍준표 의원과의 물밑 접촉을 통해 다가올 총선을 준비하고 있었다. 그리고 다른 한편으로는 새로운 권력인 박근혜 의원 쪽에 끈을 대기 위해 안간힘을 쓰고 있었다. 이 상황에서 청와대까지 손을 놓아 버렸다.

나는 그야말로 낙동강 오리알 신세가 되었다. 고통스러운 시간이었다. 배신감이 물밀 듯 밀려왔고, 복잡한 갈등이 내 마음을 흔들었다. 주변에서는 지금이라도 늦지 않았다며 만류했다. 그러나 무대에 오른 이상 무를 수는 없었다.

나는 그렇게 당 대표 경선을 치렀고 처절하게 실패했다. 친이계를 등에 업고도 4위로 겨우 최고 위원에 당선됐다. 실제로 공천권을 원했던 이들은 홍준표 의원에게, 친박계에 끈을 대고 싶었던 이들은 유승민 의원에게, 소장파는 남경필 의원에게, 대중적 여론조사 표는 나경원 의원에게 몰렸다. 주변에서는 지난 12년간 고수해 온 소장개혁파의 기치를 들고 나갔어도 이보다 많은 표를 받았을 거라며 수군거렸다.

결과적으로 난 이 선거에서 많은 것을 잃었다. 무엇보다 가슴 아팠던 대목은 "원희룡이 변했다."는 지적이었다. 그런 말을 들을 때마다 친이계 대표로 당 대표 선거에 나서겠다는 결심을 내렸던 날 밤, 보좌관과의 술자리가 머릿속을 스쳤다. 그는 마지막까지 나를 말렸다. 나는 그를 설득시켰다.

"12년 동안 진심으로 당 내에서 나를 지원해 준 사람이 누가 있었어? 이렇게 4선, 5선을 더 하는 것은 아무 의미 없어. 이렇게는 안 돼. 바꾸기 위해서는 당권을 잡아야 해. 그 방법뿐이라고."

십 년 넘게 내 곁에서 나를 보좌했던 그는 알고 있었을 것이다. 이 예견된 결과를. 비단 그뿐 아니라 누구라도 예상할 수 있었던 그 결과를 나만 짐작하지 못했다.

그 날의 선택은 매서운 칼날로 내게 돌아왔다. 난 오늘도 그 차갑고 외로운 공간 한가운데 홀로 서 있다.

# 공천에 살고!
# 공천에 죽고!

이 모든 것이 결국은 '공천의 힘' 때문이었다.

10년 이상 국회의원으로서 정치 활동을 했고 3선의 중진 의원인 나였다. 정치 무대 한복판에서 활동하며 정치를 누구보 다 잘 안다고 자부했던 내가, 모두가 무모하다며 말렸던 그 도 전을 감행했던 이유는 바로 '공천의 힘' 때문이었다. 나는 한국 정치를 삼류로 만들고 있는 근본적인 이유 중 하나를 현재의 공천 방식이라고 본다. 당권을 잡고 내가 첫째로 이루고자 했 던 일은 공천 제도의 개혁이었다. 공천 제도의 변화를 통해서 만 우리 정치의 문제점을 해결할 수 있기 때문이다. 그런데 아 이러니컬하게도 나는 그 무엇보다도 바꾸고 싶어 했던, 그리고 바꿔야만 했던 그 공천의 힘 때문에 모든 것을 잃고 말았다.

국회의원의 자리는 300석밖에 되지 않는다. 반면, 국회의원이 되고자 하는 사람은 그에 비해 수백, 수천 배 많다. 정치지망생이 국회의원이 되는 가장 기본적인 방법은 물론 선거다. 그러나 그들이 선거 전에 거쳐야 할 더욱 중요한 과정이 있다. 바로 공천이다.

19대 국회의원을 기준으로 300명의 의원 중 정당에 소속되어 있지 않은 사람은 총 3명, 비율로 1%에 불과하다. 그리고 새누리당과 민주당 2개의 대표 정당에 소속된 의원수는 279명으로 전체 의원 수의 약 93%에 해당된다. 나머지 7%에 해당하는 국회의원들도 상당수가 대중적 지지도가 매우 높은 스타 정치인들임을 감안한다면 정당에 소속되지 않고 후보로 출마하는 것은, 혹은 양대 정당이 아닌 다른 소속으로 출마하는 것은 당선 확률 0%에 가까운 도전이라고 볼 수 있다.

우리의 문제는 여기에서부터 시작된다. 국회의원이 되기 위해서는 일단 새누리당 또는 민주당의 후보가 되어야 한다. 당의 후보가 된다는 것은 그 정당으로부터 공천을 받았다는 것을 의미한다. 때문에 수많은 사람들은 한정된 자리를 차지하기 위해 당 내 후보 공천에 불나방처럼 달려든다.

국회에 입성하기 위한 첫 관문인 당내 후보 공천. 이는 누가 어떻게 선정하는 것일까? 결과부터 이야기하면 정당의 공천권은 특정인을 중심으로 한 특정 세력으로부터 나온다. 바로 그 틀이, 그 시스템이 우리 정치를 삼류로 만드는 가장 큰 이유이다. 당은 흔히 계파라 불리는 집단들로 재구성된다. 한국 정당 정치에서 계파는 크게 세 종류로 나눌 수 있다. 첫 번째는 가신이라고 불리던 집단이다. 과거 3金 체제에 있어서 동계동계, 상도동계 등과 같은 그룹들이 그런 관계였다. 생사(生死)를 함께한 가족보다도 더 강한 유대관계를 유지하는 그런 관계이자 세력이었다. 그러나 3金시대 이후 사실상 이러한 세력은 자취를 감췄다.

다른 하나는 가치 중심의 집단이다. 한나라당의 미래연대, 수요모임, 남원정 개혁 모임, 민본 21과 같은 세력들이 그런 집단이었다. 이런 모임은 실체는 존재하나 실질적인 세력을 갖춰본 적 없는, 세력 아닌 세력이었다. 언제나 시작은 거창했으나 권력 이동기나 선거철이 되면 공천권을 향해 자연스럽게 해체되는 그런 모임들이었다.

마지막이 바로 공천으로 만들어지는 세력이다. 사실상 오늘날 정당에 있어 가장 강력하고 절대적인 힘을 갖춘 집단이자 세력이다.

대한민국의 대통령제는 그 어떤 국가보다 절대적인 힘과

특권이 보장되는 정치체제다. 절대적인 힘과 권력, 정당은 그 힘을 위해 뭉친 사람들의 집단이다. 집단 내에서 차기 권력이 형성되면 그 권력을 중심으로 당의 권력 재편이 이뤄진다. 차기 권력자는 앞으로 본인이 대통령이 되었을 때 국회와 청와대, 즉 당과 본인을 매끄럽게 연결하고 협조해 줄 파트너가 필요해진다. 그 핵심에 바로 당 대표가 선다.

결국 당내 권력은 대통령이라는 절대 권력과 차기 대권 주자, 그리고 이를 보좌할 당 대표와 사무총장에게 집중된다. 일종의 이너서클(권력 중심부의 측근 세력)인 이들은 당의 가장 중요한 권력인 국회의원 후보 공천권을 사실상 독점하게 된다. 결국 이들이 가진 공천권이라는 힘을 중심으로 세력이 형성된다.

공천의 힘은 일반인들이 상상하는 그 이상이다. 제아무리 대중들에게 인기 있고 힘있는 국회의원이라도 다음 선거에서 출마 기회조차 갖지 못하게 하는 것이 바로 공천의 힘이다. 2008년 총선 때 새누리당에서 벌어진 이른바 '공천 학살'은 계파 간 정치적 다툼이 공천권까지 영향을 미친 대표적인 예였다. 지금은 차기 대권 후보로까지 거론되는, 재기에 성공한 김무성 의원도 당시 친이와 친박의 계파 싸움에 휘말려 공천조차 받지 못했다. 그는 12년 동안 부산 시민들의 압도적인 지지를 받은 3선의 현직 국회의원이자. 친박계 좌장(左將)이었다.

이와 반대의 사례는 숱하게 많다. 차기 권력과 그의 이너 서클에 줄을 대고 있다가 어느 날 갑자기 정치권에 얼굴을 내밀더니 새누리당의 텃밭인 영남권에서 공천을 받아 손쉽게 국회의원이 된 대학 교수, 기업인, 방송인 등의 이야기는 더 이상 화젯거리도 되지 않는다. 일반인의 눈으로 봐도 도무지 이해할 수 없었던 이명박 정부의 공천은 일일이 거론하기조차 힘들고, 지난 19대 총선에서 당선이 쉬운 핵심 지역 공천권이 친박계의 일부 의원들에게 수직 하달되었다는 이야기는 공공연한 비밀이었다.

내가 친이계를 등에 업고 당 대표에 나선, 그 무모한 도전의 이유도 결국 공천권이었다. 당 대표가 되어 새로운 사람들을 등용해 보겠다는, 결국은 국회의원 공천권에 대한 욕심이었던 것이다.

"방법은 민주적이지 않아도 괜찮아. 공천권 제도를 통해 국민 각계각층을 대변할 수 있는 후보들이 걸러지기만 하면 되지."라고 반박할 이가 있을지도 모르겠다. 그러나 현실에서는 불가능한 이야기다.

국회의원이 되고자 하는 사람들은 누구일까? 내가 만난 국회의원이 되고자 하는 사람들은 대부분 사회적으로 성공한 이들이었다. 자신이 몸담았던 영역에서 최고였고, 존경받아 왔다. 심지어 일부 정치인들은 국회의원이라는 자리도 사회적 성공의 연장선상에서 성취해야 할 하나의 목표라고 생각한다.

사회에서 성공한 사람들은 오랜 시간 동안 체득한 처세와 성공의 방법들을 가지고 있다. 그들은 이익이 되는 자리를 성취하고 수성하는 것에 일가견이 있는, 일종의 달인들이다. 그렇게 사회에서 성공한, 노련한 사람들이 국회의원이 되고, 정치라는 영역을 이전의 자신들의 성공적인 삶과 동일한 관점으로 바라보고 치부한다.

하지만 대부분은 오히려 너무 선량해서 문제인 경우가 많았다. 그들은 정치를 너무 쉽게 보거나, 단순하게 생각했다. '세상에 기여해 보겠다'는 좋은 뜻에서 진입했다가 호된 신고식을 치르고, 살아남기 위해 빠르게 변해갔다. 변해가는 자신의 모습을 내공(內功)이 쌓이는 것이라고 합리화하면서 말이다.

나도 그 다수 중의 한 사람이었다.

"정치는 국민의 대표자이자 공공의 이익을 대변하는 공공재적 성격을 띠어야한다. '나'가 아닌 '우리'를 위한 자리이고, 국민 각계각층을 대표하는 사람들이 모여 국민을 대변하는 자리

이자 공간이어야 한다. 허(虛)와 실(實), 공(公)과 사(私)를 잘 구분해
야 한다. 그런 사람들이 정당에 모여 쉼 없이 혁신해야 한다. 그
것이 정치의 본질이자 존재의 이유이다."

국회의원들의 초심은 대부분 이렇다. 그러나 이런 생각들
은 시간이 지나면서 희미해진다. 그러다가 어느새 '요즘은 누
가 실세인지, 다음 공천권을 얻으려면 누구에게 줄을 서야 되
는지'로 관심이 이동한다. 나도 이런 생각이 들 때면 소스라
치게 놀라곤 했다. 물론 아직도 초심을 지키며, 몹쓸 정치판의
개혁을 위해 애쓰는 분들도 있다. 그러나 그들이 정치 무대에
서기 위해, 정치 무대에 남기 위해 거쳐야 할 공천의 문턱은
너무나 높고 멀다.

많은 국민은 진정으로 나를 대변해 줄 정치인을 원한다. 그
러나 지금과 같은 공천 구조와 정당 구조로는 사실상 이룰 수
없는 꿈이다.

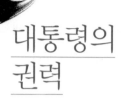

# 대통령의
# 권력

   '대한민국의 모든 권력은 국민으로부터 나온다.' 누구나 잘 아는 대한민국 헌법 1조 2항이다. 정말 국민은 그렇게 생각할까?

   '대한민국의 모든 권력은 대통령으로부터 나온다.' 이것은 어떤가? 국민을 대통령으로 바꾼 이 문장이 훨씬 현실적으로 다가오지 않는가?

   대한민국의 대통령은 그야말로 무소불위, 전지전능한 '제왕적'권력을 가지고 있다. 끊임없는 비판에도 불구하고 대통령의 자리에서 나오는 권력의 크기는 변하지 않는다. 누구든 일단 그 자리를 차지하고 나면 제왕적 대통령이 되었고, 막대한 권력을 휘둘렀다.

대통령의 자리에만 앉게 되면 후광(後光)이 생기고 권력의 자기장을 내뿜게 된다. 같이 술 마시고 노래도 불렀던 사이인 데, 대통령이 되면 상황이 바뀐다. 심지어 대통령을 만든 핵심 참모들과 최측근까지도 그의 앞에 서면 이유 없이 작아지고 움 츠러든다고 한다. 상상조차 할 수 없는 대한민국 대통령의 권력, 그 힘은 도대체 어디서 나오는 것일까?

## 과잉 충성. 그들은 왜 알아서 기는가?

'검찰의 과잉 충성, 감사원의 과잉 충성, 국정원의 과잉 충성'이라는 표현들을 심심치 않게 볼 수 있다. 최근 여야의 극한 대립 한복판에 있는 '18대 대선 국정원 개입 사건'에 대한 논란 에도 과잉 충성이라는 단어가 등장한다.

이 사건의 전말을 간단히 정리하면 이렇다. 국정원의 일부 직원들이 인터넷 상에서 댓글을 통해 지난 대선에 개입했다. 이건 공인된 사실이다. 그런데 이 댓글을 쓴 행위가 자의인가, 타의인가가 논란의 핵심이다. 많은 이들은 윗선의 지시를 의심 한다. 그 윗선이란 결국 그들이 몸담고 있던 국정원의 수장이자 이명박 전 대통령의 최측근인 원세훈 국정원장이다. 그러나 이명박 전 대통령이 아무리 정권이 넘어가는 것을 두려워했을지라도, 정권 내내 사사건건 척을 졌던 박근혜 후보를 도우라 지시했을 것이라는 추측은 무리가 있다. 그렇다면 결국 어느 선에서 이른바 과잉 충성 본능이 발동했다는 추측이 가능할 수도 있지 않을까?

사실 정보기관의 대선 개입은 처음이 아니다. 이 점에 있어서 새누리당에게는 이른바 원죄가 있다. 1997년 대선 때 권영해 안기부장은 북풍 공작을 주도했고 당시 안기부는 허위 폭로자를 매수해 김대중 후보를 공격했었다. 왜 이런 일들이 벌어졌을까? 그 답은 이들의 절대적 충성을 넘어선 과잉 충성에 있다.

우리나라 대통령은 각 부 장관, 5대 권력 기관장을 비롯해서 최고위 공직자들에 대한 인사권을 가지고 있다. 그렇게 대통령이 임명한 사람들은 정부의 모든 조직에 지휘권자로 포진되고, 그들은 각 정부 조직의 수장으로서 모든 공무원들의 인사권자가 된다.

많은 이들이 왜 공무원들이 5년마다 바뀌는 청와대와 정부를 위해 알아서 기는지 묻는다. 상상해 보라. 나랏일이 자신들의 생계 수단이자 업인 직업 공무원들에게 대통령이 임명한, 자신의 목줄을 움켜쥐고 있는 인사권자들이 어떤 의미일지. 결국 공무원들은 조직에서 생존하기 위해 하루아침에 인사권자로 들어앉은 그들에게 학연, 지연, 근무 연고 등 온갖 수단과 방법을 가리지 않고 줄을 대고 과잉 충성을 하게 된다. 사실 이런 현상은 공무원 사회뿐 아니라 모든 조직에서 볼 수 있는 모습이다. 그러나 공무원 조직의 경우 이러한 일이 대한민국의 최고 권력자가 탄생하는 5년마다 반복적으로 나타나며, 그들이 바로 국가를 위해 일하는 집단이라는 데 심각성이 있다.

대통령과 대통령을 보좌하는 소수가 주요 인사(人事)를 좌지우지하고, 그런 권력 구조 안에서 살아남기 위한 공직자들의 줄서기가 존재하는 한 공무원 조직 내에서는 대통령의 의사와 반하는 그 어떤 일도 일어나지 않는다. 이것이 대한민국 정부 운영의 핵심이다.


## 공권력은 어떻게 행사되는가? - 통제력의 힘!

이렇게 인사를 통해 장악된 조직은 대통령과 현 정부의 권력을 비호(庇護)한다. 정보 공권력, 사법 공권력, 조세 공권력 그리고 감사 공권력으로 대표되는 통제 공권력이 이 일에 적극적으로 활용된다. 이 중 가장 많이 거론되는 것이 사법 공권력의 주체인 검찰이다. 권력 비호에 있어 검찰의 역할은 크게 두 가지다. 하나는 현 권력 보호이고, 다른 하나는 이전 정적이자 걸림돌이었던 세력들에 대한 정치 보복성 공권력 행사다.

이러한 사례는 역대 정권마다 반복되었다. 김대중 전 대통령의 비자금 관련 의혹이 일자 당시 검찰총장은 "호남에서의 민란이 걱정되기 때문에 김대중 대통령의 비자금 관련 내용은 수사할 수 없다."며 당시 김대중 대통령을 비호했다. 이명박 전 대통령의 서초동 도곡동 땅과 관련해서는 "그것이 이명박 대통령의 땅이라고 볼 수 있는 확실한 증거도 없다"며 사건을 어물쩍 넘겼다. 그러나 누가 생각해도 그 땅의 주인은 이명박 전 대통령이라고밖에 생각할 수 없었던 상황이었다.

아내와 자녀들은 물론, 사위와 그를 후원했던 기업인, 주변 정치인들까지 줄줄이 소환되고, 유례없이 강도 높게 진행됐던 노무현 전 대통령에 대한 검찰 수사도 곧이곧대로 바라봤던 국민은 많지 않았다. 결국 노무현 전 대통령은 그렇게 스스로 목숨을 끊었다.

역대 정부에서 법무장관과 검찰총장, 민정 수석의 관계가 밀착되면 될수록 검찰의 정치성이 강화되었고 아울러 그들을 향한 권력 실세의 논란이 강하게 일었다. 지금도 청와대 민정 수석 산하에 일부 검찰들이 연락관으로 배치되어 있다. 이는 사법권과 검찰 독립이라는 민주주의의 원칙을 생각해 볼 때 결코 바람직하지 못하다. 현직 검사가 청와대에 파견되어 검찰 조직과 청와대간의 연락 기능을 하면서 검찰의 친권력화를 재촉하게 된다.

사실 권력자의 입장에서 검찰이 총대를 메고 '법대로 한다.'는 명분 아래 권력 비호에 앞장서 준다면 얼마나 편하겠는가? 검찰이 사법권 행사라는 이름으로 특정 세력이나 특정인을 향해 공권력을 행사할 때 두려워하지 않을 이는 없다. 사실상 검찰과 대항할 수 있는 충분한 방어력을 갖춘 사람이나 기관이 없기 때문이다. 우리는 재벌 총수, 현직 정치인, 언론사주도 법 앞에서는 결국 무릎을 꿇고 마는 모습을 수없이 지켜봐왔다.

최근까지 문제가 되었던 대검 중수부는 정치 검찰 논란의 핵심에 서 있었다. 대검 중수부는 1981년 설치된 이래 노태우 전 대통령과 김영삼 전 대통령의 아들인 김현철 씨를 구속시키고 대형 경제 범죄를 전문으로 수사하는 등, 검찰 총장의 직접 지휘 통제 아래 특명 사건을 처리하는 기관이었다. 그런데 특명 사건의 실체는 사실 국세청, 국정원, 감사원, 경찰 등으로부터 받은 핵심 자료들을 토대로 사법권을 행사하는 것이었다. 물론 이런 고급 정보들은 청와대가 총괄한다. 청와대의 지시를 통해 특정 사건들이 검찰 총장에게 전달되고, 이러한 사건들은 검찰, 특히 중수부의 공권력을 통해 이른바 간첩, 공안, 공직자 부패 사건 또는 재벌 구속 사건과 같은 대형 사건으로 진화하는 것이다.

현재 중수부는 폐지되었지만 이러한 폐해가 말끔히 해결되었다고 보기는 어렵다. 청와대에 포진한 사정 라인과 민정수석, 비서실장이 검찰의 인사권을 쥐고 있고, 여전히 검찰 내부에 정치 검찰이 존재하기 때문이다.

정보 공권력의 주체인 국정원과 경찰은 어떤가? 고위 공직자일수록, 중요 인사들일수록  이들의 힘은 매우 불편하다. "나는 지난 여름에 당신이 무엇을 했는지 알고 있다. 모두 다, 하나도 빠짐없이!" 섬뜩하지 않은가? 내가 가족 모르게 해외 카지노를 이용한 내역이며, 기업 임원과 어느 골프장에서 몇 시간 동안 골프를 쳤는지, 어디서, 무엇을 먹었는지 등 세세한 정보

들이 매일 국정원과 경찰에 의해 수집되어 청와대에 보고되고
있다.

조세 공권력으로 대표되는 국세청의 힘 역시 막강하다.

### 문재인, "효성그룹 탈세, 세무조사 땐 왜 몰랐나?"

국회 기획재정위원회 소속 민주당 문재인 의원이 22일 중
부지방 국세청에서 열린 서울·중부청 국정 감사에서 효성그
룹 검찰 수사에 대해 "서울 지방 국세청이 2010년과 2011년
에도 효성 세무조사를 한 것으로 아는데, 그때는 지금의 문제
를 왜 몰랐느냐."고 질의했다.

문 의원은 "효성이 서울 국세청의 고발로 검찰에서 10년
간 1조 원대 분식회계 및 수천억 원 탈세 혐의로 조사를 받고
있다."며 "검찰은 2008~2009년까지 효성 비자금을 수사했고,
서울 국세청이 2010년과 2011년 세무조사를 했다. 그때는 정
권 눈치 보느라 제대로 조사하지 않고, 정권이 바뀌자 다시 세
무조사를 하는 게 아니냐?"고 말했다. 문 의원은 "서울 청이
당시 세무조사를 제대로 했는지 감찰을 통해서 밝혀 달라."고
덧붙였다.

이에 대해 임환수 서울 청장은 "세무조사 방법 차이로 그런

결과가 있었다."며 "세무조사 비리 근절 대책의 일환으로 감찰
을 진행하도록 하겠다."고 답했다. 효성그룹의 탈세와 비자금
조성 의혹을 수사 중인 검찰은 현재 효성 임원 명의로 개설한
은행 예금과 증권 차명 계좌 200여 개를 추적하고 있다.

(경향신문, 2013. 10. 22 발췌)

이 기사는 최근 들어 세무조사 대상 기업이 된 효성의 이
야기다. 지난 정권에서 잘 나갔던 효성그룹이 왜 갑자기 박근
혜 정부가 들어서자 세무 조사 대상 기업이 되었는가? 효성이
이명박 대통령의 사돈 기업으로서 지난 정부 때 많은 특혜를
받은 사실을 알고 있다면 당신은 이번 세무조사를 곧이곧대로
보기 어려울 것이다.

세무조사를 받아본 경험이 있는 사람이라면 국세청이라는
단어만 들어도 어딘가로 달아나고 싶어질지 모른다. 특히 기업의
소유주라면, 게다가 그 기업체의 규모가 크다면 이 공권력의 힘
의 세기를 더욱 잘 알 것이다. 그리고 두려워질 것이다.

해외 비자금이 어디에 있는지, 탈세 내역은 어떤지, 부동산
을 가명으로 산 내역은 없는지, 심지어는 카드 사용 내역까지
모든 내용을 들여다볼 수 있는 것이 바로 국세청의 힘이다. 사

실상 모든 경체 주체들의 정보가 그들의 손 안에 있다고 할 수 있으며, 국세청은 언제든지 그 정보를 이용해 법의 이름으로 심판할 수 있다. 기업과 경제 주체들에게 국세청의 권력은 검찰이나 국정원보다도 두렵고 무서운 존재일지 모른다.

이렇게 무시무시한 사법, 정보, 조세 통제 권력의 기관장을 임명하는 이가 바로 대통령이다. 그리고 그 무시무시한 조직에 목숨 걸고 일하고 있는 공무원들의 인사권자가 바로 대통령이 임명한 기관장들이다. 그들이 왜 알아서 기는가?

답은 명확하다. 대통령이 가진 제왕적 힘, 그것 때문이다.


## 공권력은 어떻게 행사되는가? - 돈과 정책의 힘!

대통령과 그의 권력들은 인사권과 조직뿐 아니라 돈과 정책 측면에서도 거대한 힘을 발휘한다. 우리가 역대 정권에서 보았던 많은 정책들(4대 강 개발, 소고기 수입, 대북 정책, 입시 정책, 복지 정책 등) 모두가 사실은 대통령의 권력이라는 구조 안에 존재한다.

특히 어떤 정책이 대통령의 대선 공약과 연결되어 있다면,

국가 기관의 모든 부처에서 무리를 해서라도 이를 뒷받침하고 현실화시키기 위해서 전력을 다하게 된다. 이에 대한 각 부처의 성과가 곧 대통령의 신임과 직결되고 또 다른 힘으로 연결되기 때문이다.

필요한 돈은 예산이라는 형식으로 지원된다. 우리나라의 1년 국가 예산은 약 356조 정도이다. 이 중 앞서 이야기한 특정 정책들, 특히 대통령이 대선의 공약으로 약속했던 그런 약속들의 경우에는 대통령의 특별 관심 사항이라는 명목으로 기획재정부를 통해 적게는 수억 원에서 많게는 수천억 원까지 배정되고 지원된다. 4대 강 사업, 특정 지역의 공항 설립 사업, 고속철 사업 등의 대규모 국책 사업이 다 이러한 과정을 거쳐 현실화 되었다. 전체 국가 예산의 상당 부분이 공약이라는 이유로 백지 수표처럼 쓰여졌다. 국민이 대통령을 뽑은 것은 모든 공약에 동의해서가 아니었음에도 불구하고, 당선된 대통령은 모든 공약을 국민에게 승인 받은 것으로 착각했다

대통령의 힘. 당신이 상상했던 수준인가? 아니면 그 이상인가?

대통령의 막강한 권력에 거슬리지 않기 위해, 공무원은 물

론 공천권에 목매는 의회와 정치인, 검찰과 경찰, 국정원, 국세청 그리고 감사원으로 대변되는 국가의 5대 권력 기관까지 모두 대통령의 비호 세력이 되어 버린다. 대한민국이 대통령만 있는 나라가 된 이유는, 이렇게 모든 권력이 대통령으로부터 나오기 때문이다.

# 불통의
# 절대 권력

대한민국에서 일어나고 있는 일 중 대통령에게 필요하고, 대통령이 관심을 갖는 일은 사실상 모두 청와대로 보고된다고 해도 과언이 아니다. 이렇다 보니 대통령이 되면 전지전능(全知全能) 중 전지(全知)라는 착각에 빠지게 된다. 필요하다면 특정인의 객관적 경력 사항은 말할 것도 없고, 초등학교 친구들에 대한 평부터 주로 다니는 술집에서 보이는 술버릇까지 알 수 있다. 이는 빅 브러더(Big Brother)에 가까운 사찰망을 기초로 한다. 수많은 정보가 집중되다 보니 대통령은 '나는 모든 것을 다 알고 있다.'는 착각에 빠지게 된다.

주변 사람들이 세상의 떠도는 이야기라며, 민심을 전달해도 대통령은 '그저 뭘 모르고 하는 소리'로 판단하기 일쑤다. 자신에게 보고되는 정보에 비하면 이러한 세상을 떠도는 이야기는 보잘것없는 이야기로 들리는 것이다. 그러나 모순적이게도 이런 전지적인 정보들이 대통령을 고립시킨다. 심지어는 자신에게 보고하는 그 사람까지도 사찰하고 이를 토대로 그 사람들을 다시 판단하는 상황까지 다다르게 된다.

이런 이유로 사회에서 벌어지는 다양한 일들, 국민의 진짜 이야기는 모두 걸러지고, 대통령의 판단은 왜곡된다. 때로는 스스로 전지전능한 위치에 올라 역사와 대화하고 있다는 착각의 늪에 빠지기도 한다.

이런 전지전능하고 무소불위한 대통령의 권력을 견제할 수 있는 힘이 둘 있다. 하나는 의회다. 특히 야당은 대통령 견제 세력의 중심이다. 야당은 현 정권에 끊임없이 대항해야만 존재의 가치를 인정받는다. 한편, 여당도 정권 기간이 진행될수록 대통령 권력의 울타리에서 벗어나기 시작한다. '다음 선거 당선'이라는 국회의원들의 선명한 목표 때문이다. 여당 의원들은 이 목표를 위해 자신들의 이해관계를 이동시킨다.

이렇게 현 정권과 야당, 연임을 꿈꾸는 국회의원들의 각기 다른 욕망들은 한데 얽혀 서로를 감시하고 억누른다. 대통령과 의회의 관계가 중요한 이유는 바로 이 때문이며, 때로 대통령은 의회와의 관계를 통해 정치력을 평가 받고 자신의 권력 운명을 결정짓는다.

다른 한 가지 힘은 대통령이 마음대로 할 수 없는, 대통령의 권력 밖에 있는 매우 중요한 힘이다. 그것은 민심이다. 대통령이 선출되는 순간에는 국민의 기대를 한 몸에 받는 영웅이자 메시아 대접을 받는다. 그러나 국민은 영원한 불만족 권리를 갖고 있고, 이를 선거라는 제도를 통해 표출한다.

대부분의 민주주의 사회에서는 선거를 치를 때마다 대통령의 권력이 국민의 강력한 저항에 부딪친다. 선거를 통한 국민의 심판은 곧 의회의 제동으로 이어진다. 전지전능했던 권력은 그렇게 힘을 잃고 만다. 이런 마찰이 강해지면 강해질수록 레임덕(임기 종료를 앞둔 대통령의 지도력 공백 상태)은 빠르게 다가온다. 정국은 혼란에 빠지고 의회는 새로운 권력의 전쟁으로, 새로운 정쟁으로 휩싸이게 된다.

최근 채동욱 검찰총장이 사임했다. 임기를 다 채우지 못한 임기 중 사임이었다. 그의 개인적인 행위에 대한 시시비비를 말하기 이전에 임기를 채우지 못했다는 사실이 눈에 들어왔다. 임기를 채우지 못하고 낙마하는 검찰총장이 나타날 때마다, 그 이유를 정치적으로 해석할 수밖에 없는 현실이 안타깝다. 정권이 바뀔 때마다 임기가 남아 있는 고위 공직자들이 납득하기 힘든 이유들로 낙마하는 행태가 과연 건강한 민주주의라 할 수 있을까? 그들에게 "당신은 새로운 정부의 국정 철학에 적합하지 않습니다."라는 말 이상으로 두려운 것이 있을까? '나와 맞지 않으면 아웃!'이라는 정치 운영 행태가 얼마나 더 반복돼야 하는 것일까? 설사 내가 불편할지라도 민주주의라는 틀 안에서 권력을 행사하는 것이 국민이 바라는 민주주의가 아닐까?

국민은 의회를 존중하고 야당과 대화와 논의를 통해 공평하고 안정적으로 권력을 행사하는 정치를 바란다. 대통령의 입장에서는 5년이라는 임기가 제대로 된 정책을 펴기에 터무니없이 짧은 시간일 수 있다. 해야 할 일과 하고 싶은 일은 많은데 반대 세력과 사사건건 부딪혀 발목잡히는 것이 거추장스럽고 피곤할 수 있다. 그러나 대통령에게 주어진 힘은 합의와 조정을 통해 행사되어야 한다. 그것이 국민이 대통령에게 준 권력이다.

애석하게도 우리의 현실, 대한민국 삼류 정치의 현실은 그렇지 못하다. 막강한 대통령의 권력은 독단과 독선으로 치닫고, 의회가 정쟁으로 치닫는 사이 국정은 파탄 나고, 그 과정에서 국민은 내팽개쳐진다. 이 지긋지긋한 현실을 바꿔야 한다.

단순히 사람을 바꾼다고 해결될 문제가 아니다. 틀이 바뀌어야 진짜로 바뀔 수 있다. 이젠 꼬이고 꼬인 실타래를 '새로운 틀'이라는 관점으로 풀어야 할 시점이다.

# 레임덕,
# 피할 수 없는 운명

노무현 정권 때의 보궐 선거 결과 40:0을 기억하는가? 지난 이명박 정권 말기에 있었던 당내 권력 이탈 상황은 어떤가? 탈이(脫李), 복박(復朴), 월박(越朴), 심지어 낮에는 '친이'였다가 밤에는 '친박'으로 변한다는 주이야박(晝李夜朴)이라는 말이 생길 정도였다. 영원할 것 같았던 대통령의 권력은 결코 오래가지 못했다. 역대 정권은 예외 없이 그런 모습을 보였다.

## 선거 참패 · 부패 스캔들 터져 나와 민심 · 국정 장악력 상실 등 공통점

노태우 정권의 레임덕은 집권 3년차인 1991년 수서지구 택지 분양 특혜 사건이 터지면서 시작됐다. 권력형 비리에 민심이 등을 돌린 상황에서 노 전 대통령은 김영삼 당시 민자당 대표와 권력 투쟁을 벌였으며 결국 집권 4년차인 1992년, 여당 요구에 떠밀려 민자당을 탈당했다.

김영삼 정권의 권력 누수는 집권 3년차인 1995년 6·27 지방 선거 참패에서 비롯됐다. 이후 김 전 대통령은 1996년 12월 '노동법 날치기'라는 무리수를 두면서 민심을 잃었고, 집권 5년차인 1997년 초 차남 현철 씨가 연루된 한보 게이트가 터지면서 국정 장악력을 급속히 상실했다.

김대중 정권은 집권 3년차인 2000년 총선에서 한나라당에 패배하면서 권력 누수가 시작됐다. 이후 김 전 대통령의 집권 4년차인 2001년 정현준·진승현·이용호 게이트로 알려진 이른바 '3대 게이트'가 잇달아 터지면서 정국의 주도권을 야당에 뺏겼다.

노무현 정권은 집권 3년차인 2005년 러시아 유전 개발, 행담도 개발 등 스캔들이 터지면서 민심을 잃기 시작했고 이듬해인 2006년 지방 선거에서 참패하면서 레임덕에 들어섰다. 이후 정부의 강력한 부동산 억제 정책에도 불구하고 아파트 값이 폭등하면서 민심 이탈은 더욱 가속화됐고 노 전 대통령은 레임덕을 막아보려 대연정과 원 포인트 개헌 등의

카드를 내밀었으나 오히려 역풍을 맞으면서 국정 장악력을
상실했다. .

이명박 정권은 집권 3년차인 2010년 지방 선거 패배와 예
산안 날치기 통과에 따른 민심이반, 집권 4년차인 2011년 '함
바집' 비리, 재보선 참패, 서축은행 비리 등 '권력형 비리→레
임덕'의 역대 정권과 유사한 패턴을 보이고 있다.

(서울경제, 2011. 6. 5 발췌)

## 레임덕은 왜, 어떻게 오는가?

대통령의 권력은 5년이라는 한정된 임기 속에서 결국 그
힘을 잃어간다. 우리는 이러한 레임덕 현상을 매 정권마다 경
험한다. 우리나라의 경우는 보궐 선거까지 포함하면 거의 매년
2번 정도의 선거가 있고, 지방 선거, 총선, 대통령 선거를 기준
으로 봐도 최소 2년에 한 번씩은 선거가 있다. 그런데 모든 정치
주체들의 관심과 초점은 선거가 끝남과 동시에 바로 그 다음 선
거로 이동한다. 지나간 선거, 그리고 다가올 선거. 즉 현재의 권
력과 미래의 권력이라는 순환은 레임덕 현상을 만들어 낸다.

만약 다음 대선에서도 여당의 승리가 예견되어 있다면 레임덕은 없을 것이다. 선거의 승리는 곧 지금의 여당 지휘부와 대통령의 권력이 연장된다는 것을 의미한다. 이는 여당 국회의원들에게는 다음 선거에서도 나를 당선시켜줄 수 있는 힘으로, 국가 공무원들에게는 현재의 관계가 연장되는 상황으로 받아들여진다. 이렇게 연속된 승리엔 레임덕이 없다. 그러나 현실에서, 특히 정치에서 연속된 승리란 없다. 곧 레임덕은 필연적인 것이다.

일반적으로 대통령 임기 5년 중 초기 2년은 사회 전반에 새 대통령을 지지하는 분위기가 깔려 있다. 국민도 자신들의 손으로 뽑은 대통령에게 힘을 실어 주며, 이를 반대하는 힘은 상대적으로 억눌리게 된다. 여론의 힘을 얻은 정권 초기의 대통령은 막강하다. 대통령은 이런 힘을 십분 이용한다. 특정 기업에 특혜를 주기도 하고, 인사를 통해 특정 공직자들을 진급시키기도 하고, 정권 기반 정비와 강화 작업을 하기도 한다. 이때는 대통령의 의지를 뒷받침하기 위해 이른바 총대를 메고 앞장서서 기강을 잡고 실행할 수 있는 사람들이 전면에 배치된다. 대통령의 심기를 읽고, 조직을 장악하고, 이를 밀고 나갈 수 있는 사람들이 당연히 부각될 수밖에 없다. 정권 탄생의 일등

공신이라 할지라도 이러한 모습을 보이지 못하면 도태되기 쉽다. 박근혜 정부에서 정권 초기에 허태열 비서실장이 김기춘 비서실장으로 교체된 이유도, 전 정권에서 국민적 지지를 받거나 신망이 높았던 사람들이 국정 전면에 나섰다가 얼마 지나지 않아 낙마하고 결국 대통령의 최측근들이 자리를 채운 이유도 결국 단 하나이다. 대통령의 국정 철학으로 대변되는 막강한 권력을 일선 곳곳까지 실현시키는 것.

그러나 임기 절반 정도가 지나고 큰 선거를 치르게 되면 다음 선거를 앞둔 정치권들이 먼저 발 빠르게 움직이기 시작한다. 2011년 1월이 되자 국회의원들은 2012년 총선의 공천권을 받기 위해 움직이기 시작했다. 이들의 첫 번째 판단 기준은 '2012년 선거 직전의 당 대표와 당 지도부가 누가 되는가?'이다. 앞서 말한 것처럼 국회의원에게 공천권은 절대적인 힘의 상징이며, 이 권력은 공천 시기의 당 대표와 차기 대권 주자가 가지기 때문이다. 이명박 정권 말기에 탈이(脫李) 친박(親朴) 바람이 불었던 이유도 당내 차기 대권 후보가 박근혜 의원 외에는 경쟁자가 없는 상황이었기 때문이다. 바꿔 말하면 이명박 대통령은 경쟁자가 없는 차기 권력인 박근혜 의원 때문에 정권 초기부터 레임덕 현상을 겪었다. 심지어 정권 후반부에는 친이

계라 불리는 사람들조차 대통령의 말에 귀를 기울이지 않는 현상이 벌어졌다.

이러한 권력 이동은 정당에서 정부로 확대된다. 가장 단편적인 예가 청와대 파견을 대하는 공무원들의 태도이다. 권력 초기에는 청와대 파견 근무가 선망의 기회로 여겨지며, 많은 공무원들이 청와대에 파견되길 희망한다. 정권 초기 청와대에서 2년 정도 근무를 하면 자신의 부처로 돌아갔을 때, 청와대에서 맺은 권력층과 친분이 이후 승진에 도움이 될 수 있기 때문이다. 그러나 임기 후반으로 가면 이런 선호 현상은 사라지고, 오히려 청와대 파견을 기피하는 현상이 나타난다. 이유는 간단하다. 그들이 파견해서 맞이하는 풍경은 쓸쓸히 퇴장하는 대통령과 새로운 권력으로 분주하게 이동하는 권력의 모습뿐이다. 복귀 후에도 누가 자신의 상관으로 지명되어 오느냐에 따라 운명이 달라진다. 심지어는 자신의 부처로 돌아가 보직을 받지 못하고 대기하는 상황이 벌어지기도 한다. 그렇다 보니 임기를 2년 정도 남겨둔 상황에서는 청와대 파견 근무 자체를 꺼리는 것이다. 이는 고위 공직자일수록, 이러한 현실을 잘 알 수 있는 위치에 있는 사람일수록 그 정도가 심해진다.

정권 교체 주기에 따라서 자신의 경력 관리, 승진의 길이 달라지는 이 상황을 모르는 공무원은 사실상 없다. 정권 말기에 청와대에 파견 나간 인재가 새로운 정권이 들어서자 이전 정권의 인력과 함께 단칼에 교체되는 불운을 겪고 졸지에 야인이 되어 버리는 상황도 종종 있었다. 지난 문민정부 이후 수차례의 정권 교체 결과를 처절하게 경험하고 학습한 공무원 조직은 나름의 생존 요령을 터득한 것이다.

이렇게 정부로 확대된 레임덕 현상은 당연히 정책 집행력에도 영향을 미친다. 어떤 정책이라도 정권 말기에는 몇 번의 형식적인 논의를 거쳐 다음 정부에서 무효화될 가능성이 높다. 이를 뻔히 알고 있는 공무원들은 새로운 아이디어를 내거나 새로운 정책을 실행하지 않고, 매우 수동적으로 움직인다. 그들은 철저하게 정치 환경을 관찰하는 쪽으로 노선을 바꾸고, 심지어는 대통령 지시 사업조차 시간을 끌면서 가급적 실행하지 않는 쪽으로 행동하게 된다.

정권 초기의 공무원 집단은 그야말로 초긴장 상태이다. 막강한 대통령 권력 틀 안에서 자신들의 위치가 달라지기 때문이다. 생존 자체가 위협 받거나, 인재로 발탁되는 등 다양한 변수가 생긴다. 그래서 이 시기 공무원들은 머릿속에 국정 철학 공유라는 강력한 메시지를 새기며 매사에 적극적인 자세로 임한다. 이명박 정부 시절, 정부 부처의 보고서에 가장 많이 등장하는 말이 '녹색 성장'이었다. 이제 같은 위치에 '창조 경제'가 쓰여 있다. 그러나 임기 중반이 넘어서면 정치권에서 비롯된 새로운 환경을 맞이하고, 이들 역시 새로운 권력에 대비하면서 보신주의에 빠지게 된다.

이러한 현상은 위로 올라갈수록 심화된다. 고위 공무원들일수록 자신들이 줄을 댈 수 있는 정치권의 판도에 촉을 세운다. 정권 말기가 되면 특정 정당의 정책 연구소 컨설팅에 참여하고, 정치인의 연구소에 참여해서 정책 브리핑도 하고, 정부에 다양한 정보도 제공하며 정치권에 발을 넓힌다. 그렇게 국정을 인수하고 끌어나갈 예비 주자나 집권 추진 중인 세력들과 가까워지는 것이다. 이 과정에서 일부 부처에서는 항명 사태가 일어나기도 하고, 정보 빼내기와 같은 있어서는 안 될 일이 벌어지기도 한다. 심지어는 검찰이나 국세청과 같은 권력 기관 내에서도 이러한 현상이 벌어지는데, 특히 자신들의 안위를 보호할 수 있는 일종의 보호 장막을 준비하는 조직적 움직임이 일어나는 시기도 바로 이때다.

# 레임덕의 실체

## 4대강 MB 사법 처리 검토했다

감사원이 4대강 사업과 관련해 이명박 전 대통령을 사법 처리하는 방안을 검토했던 것으로 드러났다. 김영호 감사원 사무총장은 15일 국회 법제사법위원회의 감사원 국정 감사에서 "(4대강을 대운하로 추진한 것에 대해) 이 전 대통령의 책임이 있다고 생각하느냐?"는 이춘석 민주당 의원의 질문에 "일정 부분 책임이 있다."고 답했다. 김 사무총장은 이어 "감사 과정에서 이 전 대통령의 사법 처리를 검토했느냐?"는 질문에는 "4대강 사업의 규모가 점점 커진 부분은 이명박 전 대통령의 지시와 지침이 요소가 됐다. 대통령의 지시가 직권 남용과 배임에 해당되는지 검토할 필요가 있었다."며 "5월께 행정적·법률적 책임에 대해 실무자와 변호사들이 검토를 했다."고 답했다. 그는 다만 "두 가지 사항(직권 남용과 배임)에 해당하지 않는다는 결과가 나왔다."고 말했다. 감사원이 4대강 사업과 관련해 이명박 전 대통령의 형사 책임을 공개적으로 거론한 것은 처음으로, '이명박 전 대통령의 책임 및 처벌' 논란을 확산시키는 계기가 될 것으로 보인다.

당장 이 전 대통령 쪽 핵심 관계자는 〈한겨레〉와 한 통화에서 "당시 같이 대통령을 모셨던 사람으로서 어떻게 '사법 처리 검토' 같은 말을 할 수 있느냐?"며 김영호 사무처장의 발언에 강한 불만을 나타냈다. 전해철 민주당 의원은 "감사원은 '국토부가 4조 1,000억 원 규모의 1차 턴키 공사를 일시에 발주해 담합 여지를 제공했다'고 지적하면서도 한꺼번에 공사를 발주하도록 결정한 책임자를 밝혀내지 못했다."며 부실 감사를 지적했다.

반면 여당 의원들은 4대강 사업을 대운하와 연관지은 감사원의 감사 결과에 불만을 나타냈다. 김진태 새누리당 의원은 "4대강 사업은 (운하의 조건인)수심 6미터가 넘는 구간이 얼마 되지 않는다. 아무리 지났다고 해도 감사원이 지난 정권 내내 추진한 사업을 정면으로 부정하면 되겠느냐"고 비판했다.

(한겨레, 2013. 10. 15 발췌)

똑같은 감사원의 의견이었다. 정권 초기에는 '이상 무', 정권 말기에는 '다소 문제', 정권이 바뀐 지금은 '사법 처리'라 주장한다. 이명박 정권에서 무엇보다도 가장 중요하게 다뤘던 4

대강 국책 사업에 대한 감사원의 감사 결과다.

정권 말기가 되면 집권층의 인사 비하인드 스토리나 집권층 내부에서 돌아가는 동향 등의 핵심 정보가 미래 권력에게 전해진다. 풀린 정보는 미래 권력뿐 아니라 여당 주변의 반대 세력, 야당, 심지어는 일부 시민 단체까지 흘러들어가고, 이러한 정보를 갖고 있는 이들은 새로운 대세가 된다. 때로는 보다 빨리 정보를 얻기 위한 줄서기 행태가 나타나기도 한다.

역대 정권에서 이러한 현실을 경험한 정치인들과 권력들은 자신이 어려워질 때까지도 정보를 흘리지 않을, 이른바 충성심이 높은 사람들을 찾게 된다. 그리고 권력 기관장을 이런 사람들로 세우려다 보니 결국 인사 부분에서 무리가 생기게 된다. 국민의 눈에는 "왜 저 사람이지?"라는 이상한 인사 이면에는 자신의 보위를 위해 '실력보다는 믿을 수 있는 사람'이라는 기준이 숨어 있다.

대통령은 권력을 잡는 순간부터 자신들의 권력 말기 모습과 레임덕을 두려워하며 어떻게든 자신들의 권력을 다음으로 원활히 연장하려 한다. 그들이 정권 재창출을 부르짖는 이유도 여기에 있다. 그러나 우리 정치 역사상 권력 이동에 성공 했다고 평가되는 정권은 노무현 전 대통령으로 정권을 이동시켰던 김대중 전 대통령뿐이다.

어떤 정권이든 레임덕을 피할 수는 없다. 앞서 밝힌 대로 레임덕은 권력이 이동하는 민주주의의 정치 체제에서 필연적인 현상이다. 우리와 같은 대통령제를 택하고 있는 미국의 경우도 마찬가지이다. 미국은 중임제를 선택하고 있음에도 불구하고, 연임에 성공한 대통령의 마지막 임기에서는 어김없이 레임덕 현상이 나타난다. 즉 8년의 재임 기간 중 마지막 2년에 레임덕 현상이 나타나는 것이다. 레임덕 현상의 본질은 앞서 설명한 우리의 모습과 별반 차이가 없다. 임기를 2년 남겨둔 시점에서 치러지는 상·하원 선거에서 사실상 대통령 권력이 힘을 미치지 못하기 때문이다.

그럼에도 불구하고 우리 정치의 레임덕 현상을 모든 민주주의 사회에 나타나는 일반적인 현상으로 치부하기는 어렵다. 다른 사회와 비교할 수 없는 막강한 대통령의 권력과 그 권력을 잡은 지 2년도 채 되지 않아 순식간에 레임덕을 맞는 모습은 밀물과 썰물이 엄청나게 강한 속도로 교차하는 모습을 떠올리게 한다. 우리 정치는 이런 강력한 정치 이동을 5년이라는 매우 빠른 주기로 반복하고 있다.

이 과정에서 가장 큰 상처를 입는 것은 국민이다. 국민과 국가를 위해 일해야 할 정당, 공권력을 가진 기관, 정부 관료, 심지어 언론과 기업까지도 그저 생존을 위해 이 변화의 속도에 몸을 맡길 뿐이다. 대한민국의 에너지는 이렇게 쓰여야 할 곳에 쓰이지 못한 채 소진되고 있다. 그 과정에서 국민은 방치되었고, 지쳐 버렸다.

그러나 국민은 쉽게 희망의 끈을 놓지 않는다. 우리는 비극 속에서도 새로운 영웅을 기대하며 또 5년을 맞이하고 있다.

# 이제
## 그만들 하시죠!

결국 우리 정치의 모든 문제점은 대통령의 권력에서 시작된다. 특정 대통령을 지칭하는 것이 아니다. 나는 대통령에게 절대 권력을 몰아 주는 바로 그 틀이 문제의 근본이라고 말하고 싶다.

말하는 사람과 듣는 사람 모두가 불편했을 이 이야기를 꺼낸 이유는 대한민국 정치의 맨얼굴을 드러내고, 인정하는 것이 새로운 미래를 위한 첫걸음이라 생각했기 때문이다. 대통령과 그 이너서클의 절대적인 권력도, 공천권에 사로잡힌 채 사실상의 기능을 상실한 국회도, 모두 우리가 이별해야 할 대상이다. 정치의 한복판에서 12년을 뒹굴며 처음에는 너무나 이상했던 것들을 당연시하게 되고, 타협이라는 이름으로 회피했던 나의 일그러진 자화상과도 이별할 때다.

그런데 끊임없이 이러한 변화의 외침이 제기돼도, 실제로 변화를 이루는 것은 쉽지 않다. 새누리당 쇄신파들의 수년에 걸친 노력, 386세대의 등장, 18대 대통령 선거에서의 안철수 현상, 모두가 '변화'라는 공통분모를 갖고 있었지만 그 결과물은 허무했다.

나는 그 문제점을 '정치 개혁은 사람으로부터 시작된다.'는 인식에서 찾고 싶다. 일견 맞는 말 같지만, 좋은 사람을 뽑아 민생에 집중하자는 구호의 한계는 역사적으로도 증명되었다. 우리 정치의 진정한 개혁도 제도 변화 없이 결코 이뤄질 수 없다. "그곳에만 들어서면 멀쩡했던 사람도 이상해진다."는 어느 언론인의 비평은 이러한 생각을 잘 설명한다.

올바른 틀이 서지 않으면 좋은 사람들이 들어설 공간이 없을 뿐 아니라, 설사 들어와도 그들이 숨 쉬고 말할 수 없다. 멀쩡한 사람도 정당의 문턱에만 들어서면 권력의 거수기가 되고, 편 가르기 싸움의 선봉대가 되는 현실의 뒤에는 이런 구조적인 문제가 있다.

우리 정치의 기형적인 틀이 만들어 내는 절대적인 대통령 권력과, 공천이라는 또 하나의 숨은 권력, 이 둘이 뒤엉켜 만드는 악순환의 연결 고리들을 끊어야 한다. 강경론자들이 득세하고, 'All or Nothing'을 외치며 상대의 패배가 곧 나의 승리라 여기는, 그래서 반대를 위한 반대를 할 수밖에 없는 우리 정치의 틀을 이제는 바꿔야 할 때가 왔다.

연합을 강제하고, 중도의 중재 노력이 먹힐 수밖에 없는 틀을 만들어야 한다. 정치권이 합의 없는 정쟁의 대결 정치에 빠져 민생은 관료와 기업의 손으로 넘어가 버린, 그래서 기업의 돈 버는 논리와 관료들의 보신주의가 국가의 중요한 선택을 좌우하는 잘못된 우리 정치를 뒤집어야 한다.

그러나 지금의 정치 제도로는 위와 같은 행태를 벗어날 수 없다. 결국 우리 정치가 살 수 있는 방법은 단 하나, 틀을 바꾸는 것뿐이다.

2장

반쪽민국,
대한민국

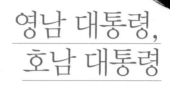

# 영남 대통령,
# 호남 대통령

    정당은 저마다 추구하는 정치 이상과 그에 따른 명분이 있다. 현실 정치에서 이것을 실현하려면 국민의 표를 얻어야 한다. 그래서 모든 정당과 정치인은 '표'의 경쟁에 내몰린다.

    표를 얻기 위해서는 선택의 순간, 즉 국민이 한 표를 행사하는 동기를 정확히 알아야 한다. 선택의 기준은 천차만별이다. 국가 번영과 세계 평화라는 매우 이상적이며 관념적이고 공적인 동기부터 우리 동네 경로당 건축과 내 집 앞 도로 확장과 같은 지극히 개인적인 차원의 동기까지 다양하다. 그러나 중요한 것은 이 모두가 '똑같은 가치를 지니는 한 표'라는 사실이다.

## 지금, 우리의 한 표 수준은?

역사적으로, 그리고 현재에도 국민이라면 누구나 가지는 한 표의 권리를 어떻게 행사하느냐에 따라 그 사회의 민주주의 수준을 가늠해 볼 수 있다. 그러니까 우리 민주주의와 정치를 이야기하기 위해서는 먼저 우리의 한 표의 수준을 살펴봐야 한다.

안타깝게도 현장에서 느끼는 우리의 한 표는 아직도 많은 부분에서 개인적인 수준을 벗어나지 못하고 있다. 흔히 이야기하는 경조사 정치, 골목 정치가 표를 얻는 데에 큰 역할을 한다. 특히 서울과 수도권을 벗어나면 더욱 그렇다. 지역구 국회의원들이 텃밭 관리를 명목으로 지역 유력 인사들의 경조사에 얼굴을 비추는 일은 흔한 일이다. 소수 유권자들의 문제로 치부하기에는 실제 지역 주민들의 요구가 상상 이상으로 많다. 주민들이 국회의원 보좌관들에게 취업 청탁을 하고, 심지어 설날과 추석의 열차 티켓까지 알아봐 달라고 요구하는 것이 현실이다.

이렇게 지극히 개인적인 동기에서 기인한 한 표가 보다 집단적이며 지역적인 차원으로 확대되면, 그 파괴력은 말할 수 없이 커져 정치인들을 강하게 압박한다. 그러니 그 장단에 춤을 추는 정치인을 비난할 수만은 없다. 지역의 대표자 역할 역시 그들의 중요한 책무 중 하나이기 때문이다. 문제는 그들이 갖춰야 할 다양한 대표성이 왜 유독 지역 일에만 집중되어 있냐는 것이다. 다양한 계층의 대표로, 다양한 욕구의 대표로 활동해야 할 국회의원이 특정 지역의 대표로만 안간힘을 쓰는 우리 정치의 현실은 씁쓸하다.

우리 정치에 언제부터 이런 현상이 일어나기 시작한 것일까? 그 밑바탕에는 우리 대통령들이 있다.

## 지역 대표성의 과잉

과거에 강조되었던 지역 거점 발전 논리에는 박정희, 전두환, 노태우 정권이 있었다. 이들 정권은 특정 지역을 중심으로 권력을 생성하고 유지시켰다. 그 권력의 틀 안에서 성장하고 성공한 엘리트 집단들은 자신들의 권력을 만들고 지키는 데 힘을 쏟았다. 그 예가 산업 단지이다. 산업화의 부흥기였던 1970~1980년대에 구미, 울산, 부산에는 전자, 섬유 등의 공업 벨트가 형성되었다. 반면 호남 지역에는 번듯한 공장 하나 들어서지 않았다.

이런 지역 발전 불균형 속에서 오로지 가난을 피해 먹고 살기 위해 고향을 떠나야 했던, 그렇게 서울 주변의 도시 빈민으로 정착할 수밖에 없었던 호남인들에게는 일종의 피해 의식이 싹텄다. 이것은 오늘날까지 우리가 해결하지 못한 지역주의, 지역 당의 씨앗이 되었다.

이런 일들을 몇 십 년 전 기억으로만 치부할 수는 없다. 지역 차별은 최근까지 이어졌으니 말이다. 이명박 정부 때 추진된 대구 첨단의료복합단지 조성 정책이 애초엔 오성과 원주의 몫이었다는 사실은 공공연히 알려진 사실이다. 그런데 "한나라당 뽑아도 대구는 죽을 맛"이라는 TK(대구·경북) 지역 유권자들의 볼멘소리에 원주를 탈락시키고 대구로 급하게 선정 도시를 교체했다. 그뿐인가? 김대중 노무현 정권으로 이어졌던 호남 권력은 수천억 원의 국가 예산을 들여 호남의 수많은 섬들을 연결하면서 과거 그들의 피해 의식을 보상 받으려 했다. 덕분에 호남 지역 건설업체는 대호황을 맛보았다.

한국 대통령의 권력은 그 어떤 국가보다도 강력하며 독점적이다. 그렇다 보니 대통령을 탄생시키는 것, 그 권력의 이너서클 안에 들어가는 것은 막대한 이권과 이해관계를 누리게 됨을 의미한다. 기업인과 관료라면 절대 이들 권력의 영향력을 간과할 수 없다. 그 영향력은 경험하지 못했다면 감히 상상하기 어려울 만큼 절대적이다.

기업의 입장에서 보면 새로운 정권이 탄생할 때마다 생겨나는 수백억 원에서 수조 원이 걸린 국책 사업이 그 단적인 예다. 그런 엄청난 이권까지 거론하지 않더라도 조세 제도와 세무 조사, 검찰 권력과의 관계 등 기업은 그들의 몸짓 하나하나에서 결코 자유로울 수 없다. 우리는 정권이 들어설 때마다 친분에 따라, 정책의 집행 과정에 따라 기업의 흥망성쇠(興亡盛衰)가 엇갈리는 상황을 수없이 보았다. 이제는 권력 자체가 돈을 탐하기는 어려운 세상이 되었지만, 기업이 돈을 만드는데 절대적인 영향력을 행사할 수 있다는 현실은 변함이 없다.

관료들의 입장에서는 인사권이라는 제도적 틀 안에서 자유로울 수 없다. 평생을 관료로 살아온 이들에게 결국 승부는 어떤 자리에서 관직을 마무리하는가이다. 그런데 차관이나 국장급의 자리는 하루아침에 만들어지지 않는다. 이 정도 자리를 위해서는 일종의 경력 관리가 필요하다. 같은 3, 4급이라 하더라도 어떤 요직을 거쳤는지가 중요해진다. 이러한 경력이 고위직으로 가는 중요한 길목이 되기 때문이다. 문제는 언제나 그렇듯이 자리는 한정되어 있고, 이를 원하는 사람은 많다는 데 있다.

보편적으로 공석이 생기면 그 자리로 갈 수 있는 경력을 가진 후보를 5배수 정도 추린다. 문제는 그 다음이다. 우리 관료 사회는 위로 올라갈수록 권력 중심, 특정 지역의 이해관계 중심으로 인사를 결정한다. 이때 작동하는 것이 '우리가 남이가?' 논리이다. 그러다 보니 자신의 인사가 유리하게 이뤄질 수 있는 환경이 유지되기를 바라게 되고, 결국 내 경력을 유지하고 관리하기 위해서는 나에게 유리한, 특정 연고의 정권이 지속적으로 권력을 잡아야 한다는 결론으로 이어진다.

## 지역 당의 현실

먹고사는 문제 앞에 서면 지위 고하를 막론하고 인간의 원초적인 맨얼굴이 드러나게 된다. 기업인과 관료들이 절대 권력 앞에 맨얼굴을 드러내는 이유도 바로 권력이 그들의 먹고사는 문제에 막대한 영향을 줄 수 있기 때문이다.

정치인들에게 먹고사는 문제는 '한 표'에 달려있다. 그 한

표에 막대한 영향력을 끼칠 수 있는 것이 바로 지역 논리다. 정치인들은 그렇게 지역 논리를 이용해 왔다. 선거 때마다 지역 발전 논리를 선동했고, 공약이 현실화될수록 득의양양하며 지역 이기주의를 부추겼다. 김대중, 노무현 정권에서 이명박 정권으로 바뀌면서, 이명박 정권에서 다음 정권을 결정하는 선거를 치루면서 "얼마나 더 당해야 정신을 차리겠는가?"와 같은 선동 문구가 판을 쳤던 이유는 바로 이 때문이다.

이쯤 되니 확실한 주범도 공범도, 이를 말려야 할 이도 모두 뒤섞여 버렸다. 수도권 지역구에서는 어설픈 민주당 조직, 새누리당 조직보다는 호남 향우회, 영남 향우회가 훨씬 힘이 세고 대중 동원력에서 앞선 상황이 되었다. 정당들은 그런 향우회 눈치를 보기 바쁘다. 선거 때면 대한민국 유권자의 50%가 몰려있는 서울과 수도권보다 지방 유세 전략에 온 힘을 쏟고, 유세 기간의 80% 이상을 지방에서 할애하는 것도 이런 이유다.

민주당에서 심각하게 고려했던 당 대표 선거의 당원 직선제 도입도 같은 이유로 좌절되었다. 당원이 주인이 되는 정당을 만들겠다는 취지는 좋지만 그 결과가 초래할 문제가 더 컸다. 민주당 당원 중 적극적 투표 의사가 있는 당원은 호남인의 비율이 절대적이다. 이런 상황에서 당원 직선은 호남당이라는 이미지만 고착화시킬 뿐이다. 민주당에 비할 만큼은 아니지만 새누리당도 별반 차이가 없다. 당원 직선제를 도입하는 순간, 대한민국의 대표 양당은 호남당과 영남당의 색깔이 더욱 뚜렷해질 것이라는 사실은 누구도 부인하기 힘들다. 우리가 유럽같이 '가치 중심'의 정당을 만들지 못하는 안타까운 이유이다.

19대 총선 결과를 보면, 대구 및 경북 지역에서 새누리당은 27개 의석을 모두 차지했다. 광주 및 호남 지역에서는 야당이 19개 의석을 싹쓸이했다. 18대 대통령 선거 결과, 대구 지역에서 박근혜 후보는 80%의 득표율을, 문재인 후보는 19%의 득표율을 기록했고, 광주 지역에서 박근혜 후보는 7%의 득표율을, 문재인 후보는 92%의 득표율을 기록했다.

우리 정치의 지역 구도는 하루 이틀의 문제가 아니다. 더 큰 문제는 이 고질적인 병이 다음 선거에서도, 그 다음 선거에서도 고쳐질 기미가 보이지 않는다는 것이다. 변화를 기대하기 힘든 상황에서 오늘도 우리는 그저 개탄하고 있을 뿐이다. 뽑는 국민이나, 뽑히는 정치인 모두 마찬가지다.

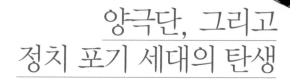

# 양극단, 그리고
# 정치 포기 세대의 탄생

선거철이 되면 우리 국민의 정치 성향이 어떤가에 대한 이
야기가 많이 오간다. 다소 차이가 있긴 하겠지만 언론과 전문
가들의 이야기를 종합해 보면 한국 국민의 정치 성향은 보수
30%, 진보 20%, 그리고 나머지 50%는 상황과 사안에 따라 진
보와 보수를 오가는, 중도의 위치에 있다고 여겨지는 것 같다.

이런 국민의 정치 성향을 결정짓는 가장 큰 요인은 삶의
체험이다. 특히 생존의 위협을 겪은 경우라면 더욱 그렇다. 공
포와 고통은 다른 어떤 체험보다도 뼛속 깊이 기억되고 평생
지속된다. 그리고 역사적 상황에 대한 집단적 체험과 기억은
그 집단의 정치 성향을 지배한다.

대한민국의 국민은 해방 이후 60여 년간 한국전쟁, 산업화,

민주화, 금융 위기 등 많은 변화를 겪었다. 이 사건들은 모두 삶이 파괴될지도 모른다는 위협을 느끼게 했고, 국민은 그 위협을 치열하게 극복해 나갔다. 다른 그 어떤 국가에서도 볼 수 없었던 단기간 내 급격한 사회 변화이자 집단적 체험이었다.

그 결과 오늘날 대한민국에는 근본적인 생존 체험이 다른 여러 세대가 한 사회 내에 섞여서 살아가고 있다. 이는 다르게 설명하면 사회적 갈등으로 치달을 수 있는 요인이 그만큼 많다는 것을 의미한다.

## 기호 1번과 2번의 탄생

1950년대 이전에 태어난 국민은 한국전쟁으로 자신들의 생명과 재산, 자유를 송두리째 잃을 뻔한 세대였다. 몇 백만 명이 목숨을 잃은 한국전쟁, 인민군의 점령 하에 겪은 공산 통치 등 극한 상황은 극도의 공포와 마음의 상처를 남겼다. 이들 세대에게 전쟁은 일생 최대의 집단적 체험으로, 다른 어떤 역사적 사건보다도 압도적인 영향을 주었다. 이들에게 제1의 가치이자 그 무엇과도 바꿀 수 없는 이념은 반공(反共)과 자유 민주

주의 수호이다. 이들에게 반공은 이념 문제이기 이전에 생존의 문제였다.

휴전 이후에도 북한과의 대치는 계속되었고, 북한 공작원들의 대남 침투, 특수 부대의 남침 시도, 대통령 암살 시도가 이어졌다. 이런 사건을 겪으며 이들이 가진 반공에 대한 생각은 그 어떤 이슈에도 흔들릴 수 없이 견고해졌다.

모든 문제에서 반공을 최우선 가치로 여기는 그들은 삶의 체험을 통해 반공 의식이 내면화되었다. 때문에 반공을 국시로 내건 군사 정권을 수용할 수 있었고, 그 안에서 사회 기반 세력이 되었다. 1950년대 이전 세대의 의식 속에서 종북 주체사상파들은 무조건적인 척결 대상이다. 뿐만 아니라 사회민주주의자, 진보적인 자유주의자들도 북한에 이용당할 가능성이 높은 경계 대상이다.

민주화로 인해 자유와 활동의 공간이 주어진 진보주의자들에 대한 거부감도 그런 경험에서 비롯됐다. 1990년대에 사회주의가 붕괴되면서 체제 경쟁이나 국력 면에서 한국이 북한을 압도하게 되었고, 북한은 체제 유지와 생존에 급급한 입장이 되었지만 이들에게 북한은 여전히 우리 안보를 위협하는 대상일 뿐이다. 이들은 현재 대한민국의 절대 보수 30%를 형성하고 있으며, 기호 1번의 절대적 수호자이다.

1950년대 말에 태어난 세대들은 1960년대와 1970년대에 기적에 가까운 경제 성장을 경험했다. 세계에서 가장 가난한 나라, 하루 밥 한 그릇도 먹기 힘든 GDP 100달러의 전근대적 사회에서 불과 몇 십 년 사이에 세계의 선진국 수준으로 올라선 놀라운 성취였다.

경제가 성장하면서 기업 관련 종사자가 급증하고, 일자리가 폭발적으로 늘었으며, 중산층이 확대되었다. 성장의 달콤한 열매로 국민의 전반적인 생활수준은 상상할 수 없이 높아졌다. 이들은 대한민국의 성장을 이끈 세대로 우리 사회 곳곳의 주축 세력이 되었다. 무엇보다 경제 성장의 전후를 모두 경험한 세대이기에, 경제 성장을 위한 정치 안정을 선호하는 성향을 보인다. 우리 국민 속에 광범위하게 자리 잡은 이들 성장세대는 지난 17대 대선에서 70년대 경제 성장 신화의 주인공인 이명박 대통령을 당선 시키는 데에 큰 역할을 했다. 18대 대선에서는 전 연령대 중 가장 높은 투표율을 기록하면서 박근혜 후보를 대통령에 당선시켰다.

한국전쟁과 경제 성장이라는 우리 국민의 집단적 경험은 대한민국 보수의 든든한 토대가 되었고, 이들은 '반공'과 '성장'이라는 두 축을 대변하는 기호 1번의 근간이 되었다.

한편, 군사 정권의 권위주의적 통치 아래 민주화 요구는 지속적으로 번져 나갔다. 정치 세력뿐만 아니라 고등 교육 확산의 수혜자인 지식 집단 내에서 저항이 일어났고, 경제 성장에서 소외된 계층의 반발이 터져 나왔다. 이렇게 불붙은 민주화 운동은 광범위한 대중 세력을 이루게 된다. 1980년대 대학에서는 민주화 운동 참여가 지배적 문화가 되었고, 가혹한 탄압 속에 희생을 무릅쓴 민주화 운동가들이 탄생했다. 경제 성장에 따라 급속히 증가한 직장인들과 중산층이 민주화 운동에 전폭적인 지지를 보내면서 결국 1987년, 군사 정권은 시민들의 요구에 굴복하고 만다.

이런 역사적 경험의 주축 세력이 '386세대'라 불리는 민주화 세대이다. 민주화 세대는 군사 정권에 맞서 반독재 민주화라는 대립 구도를 형성하고, 마침내 국민의 압도적 지지를 결집해 목표를 성취했다. 이들은 탈권위주의 성향이 강하고, 공공의 문제에 대한 높은 관심과 참여 의식을 보이며, 집단적 공감대를 중시하는 특성을 보인다.

이러한 민주화 세대는 군사 정권이 민주화 요구를 저지하기 위해 동원했던 반공 이데올로기와 성장 이데올로기에 대해 비판하고 대립하면서 민주 대 반민주의 구도를 관철시켰고, 오늘날 진보 세력을 대변하는 기호 2번의 토대가 되었다.

## 정치 포기 세대의 등장

그러나 1997년 외환 위기 후, 압축 성장 과정에서 쌓였던 문제들이 폭발하면서 전혀 새로운 사회적 문제들이 대두되었다. 지난 수십 년간 고도성장을 계속해 온 한국 경제가 하루아침에 부실 경제 판정을 받았고, 수많은 기업이 쓰러져 해체되었다. 구조조정 과정에서 해고된 직장인이 거리로 쏟아져 나왔으며 많은 중산층들이 빈곤층과 신용 불량자로 전락하였다.

정부는 IMF의 구제 금융을 받아 국가 신용 등급을 유지하면서, 정부의 공적 자금으로 구조 조정을 거친 대기업들을 지원했다. 그 결과 우리는 일 년 반 만에 금융 지원국 신분에서 벗어날 수 있었다. 그러나 외환 위기로 무너진 중소기업, 자영업과 중산층은 회복되지 못했다. 금융 지원을 받고 부실을 털어낸 대기업들 중 삼성, 엘지, 현대 자동차와 같은 기업들은 글로벌 기업으로 도약했지만, 대부분의 기업들은 세계 시장에서 경쟁력을 확보하지 못한 채 돌파구를 찾지 못했다. 기업들은 불확실한 미래와 언제 닥칠지 모르는 위험으로부터 스스로를 보호하기 위해 소극적인 투자 자세를 취했다. 그러면서 나타난 현상이 '고용 없는 성장'이다. 낙수 효과(부유층의 투자 및 소비 증가가 저소득층의 소득 증대로 이어지는 것)가 사라진 경제 성장 과정에서 대기업과 중소기업, 부유층과 서민의 격차가 갈수록 커지는 양극화 현상이 발생했다. 그리고 이러한 불평등이 가속되면서 대한민국은 이른바 '격차 사회'가 되었다.

금융 위기 이후 일어난 사회 변동의 최대 피해자는 아직 사회적 생활 기반을 마련하지 못한 20~30대 젊은이들이다. 부모 세대의 자산을 물려받거나 지속적인 지원을 받을 수 있는 젊은이들과 그렇지 못한 다수의 젊은이들이 극명하게 나뉘었으며, 그들의 격차는 날이 갈수록 커지고 모든 분야로 확대되고 있다.

이들이 살고 있는 사회는 20대 동갑내기 60만 명 중 80%가 대학 교육을 받는 고학력 사회인 동시에 젊은이들이 선호하는 공무원, 대기업 일자리는 8만여 개에 지나지 않는 치열한 경쟁 사회이다. 60만 명 중 자신들이 원하는 일자리를 찾은 10만 명을 제외한 50만 명은 대부분 학업, 취업 준비를 연장하면서 비경제활동 인구가 되거나 시간제 등 불완전 취업에 몸담는다. 이렇게 대한민국의 미래를 이끌 새로운 세대는 88만원 세대, 3포 세대(연애, 결혼, 출산을 포기한 세대)라는 단어로 상징되고 있다.

사회적 격차와 양극화 문제가 사회 문제로 대두되는 데는 분명한 이유가 있다. 격차가 심화되고, 동시에 그 격차가 고착되고 있다는 사실은 우리 사회가 직면한 매우 심각한 문제이다. 사회에서 배제되었다고 느끼는 이들이 늘어나고, 이런 배제의 감정이 사회가 담아낼 수 있는 한도를 넘어서게 되면 우리는 큰 위기를 맞게 될 것이다.

우리 사회에서 부와 기회는 일부 사람들만 누리는 특권이다. 기득권층은 부와 기회의 격차를 벌리고, 그것을 세습하기 위해 온갖 부정과 편법을 동원한다. 이를 보는 대다수 국민, 특히 젊은 세대의 불만은 이미 포화 상태이다. 사회 구성원들은 신분 상승이 원천적으로 봉쇄된, 계층 고착 사회 전반의 변화를 요구하고 있다. 기회를 공정하게 부여하고 확대하며, 사회적 격차를 완화하여 부와 학력 등에 따른 차별을 해소해야 한다. 경제 구조에 있어서도 일류 대기업과 중소기업, 자영업 사이의 격차를 완화시켜야 한다.

외환 위기 이후 세대의 요구는 공정한 사회적 룰과 집행이다. 기득권에 대한 저항과 새로운 대안 모색이라는 면에서는 1980년대 민주화 세대의 성격과 동일하지만, 그 내용은 이전 민주화 세대의 이념적인 구호와 달리 구체적 생활 기반의 문제이다. 이런 관점에서 이들이 바꾸고자 하는 기득권 세력은 386과 민주화 세대를 포함한 기호 1번과 2번 세력 모두이다.

# 우리는 달라도,
# 하나다

    지난 50년간의 각 세대별, 집단적 경험은 보수와 진보라는 성격을 띠며 이념의 극한 대립으로 이어졌다. 문제는 타협과 상생의 정신으로 우리가 직면한 많은 난제들을 풀어가야 하는 이 순간에도 자신들이 경험한 집단적 체험의 그 현장, 그 시대에서 빠져나오지 못하고 있다는 데 있다. 이들이 소통하고 합일점을 찾는 일은 국가적으로 매우 중요하며 반드시 이루어져야한다. 이런 측면에서 정치권의 역할은 중요하다. 그러나 실제로는 계층간의 갈등을 가장 적극적으로 이용하며 부채질하는 것이 우리 정치이다.

## 대한민국 보수의 현재와 미래

　대한민국에서 보수는 왜 존재하는가, 그리고 왜 존재해야 하는가. 대한민국의 보수는 한국전쟁과 경제 성장의 체험에 기반한 '반공'과 '성장'이념을 따른다. 북한에 의한 공산화를 막고, 대한민국을 건국하고 지켜낸 것, 그리고 기적적인 경제 성장을 이룩한 것은 우리의 성취이고 발전이다. 이에 대한 전면적인 긍정이 보수의 핵심이다. 보수에 대한 오해 중 하나는 그들이 기득권자들이라는 것이다. 물론 기득권을 지키기 위한 보수도 많다. 그러나 우리나라 보수층을 이루는 대다수 사람들은 대한민국의 역사 체험 속에서 반공, 성장을 최우선 가치로 받아들인 이들이다. 농촌에 보수가 많은 것은 교육 환경이 열악하고, 무지해서가 아니다. 현실을 중시하는 견실한 태도로 인해, 이상에 치우친 관념적 주장에는 경계심을 가지기 때문이다. 변화를 추구한 결과가 더 나쁠 수 있다는 경험에서 나오는 신중함 때문이다. 이러한 태도는 인간 생활에 필수적인 한 요소이기도 하다.

　그러나 대한민국의 보수는 변화해야 한다. 보수가 변화해야 대한민국이 변할 수 있다. 세상은 빠르게 변하고 있다. 더 이

상 반공과 성장 논리로 보수의 주장을 뒷받침할 수 없는 시대
가 왔다. 보수는 성장과 반공의 프레임에 갇힌 채 특정 세대와
지역만을 대표하는 보수 정당의 한계에서 벗어나야 한다. 압축
성장의 그늘로 인한 불균형과 사회적 격차의 확대를 해소하고
경제적 약자들과 젊은 세대에게 대한민국 공동체에 대한 신뢰
와 애국심을 불러일으킬 수 있는 큰 틀의 개혁이 필요하다. 기
득권 고수가 아니라 공동체를 위해 책임을 다하는 노블리스 오
블리주가 필요하다. 우리 전통에도 있는 선비 정신의 공공성과
'사방 백 리에 굶는 사람이 없게 하라'는 경주 최부자의 정신이
필요하다.

신자유주의의 흐름으로 대표되었던 시장 자유주의, 시장 만
능주의는 우리 사회에 빈부 격차와 보이지 않는 사회적 비용을
발생시켰다. 지난 대선 공약으로 박근혜 후보가 내세운 4개 특
위(정치쇄신 특위, 청년 특위, 국민통합 특위, 경제민주화 특위)는 보수층의
변화를 이끄는 핵심이었다. 성장과 안보 논리에만 집중하는 우
리 보수의 가장 약한 고리들이었으며, 반드시 개선해야 할 중요
한 4가지 부분이었다. 그러나 선거가 끝나고 이 특위가 제안했
던 내용들이 어떻게 진행되고 있는지, 어떻게 현실에서 변화와
개혁을 이뤄갈지에 대해 알고 있는 사람은 없는 것 같다. 임기

초기에 평가하기는 이른 감이 있지만, 경제 민주화를 주축으로 한 박근혜 정부의 공약들이 실행되고 있는 모습을 볼 때 매우 걱정스럽다. 앞서 많은 정권들이 경험했듯이, 경제 위기론이라는 여론 앞에서 일부 기업 및 재벌의 포로가 되는 것은 아닐까 하는 우려마저 든다.

보수 개혁을 위해서는 구호가 아니라 진정성과 실천이 필요하다. 정치인의 주도적 변혁이 아닌 국민의 강력한 요구에 의한 수동적 개혁이지만, 변화에 임하는 자세만은 적극적이어야 한다. 그런 면에서 유럽의 보수당들이 앞서 보여준 다양한 정책과 그것을 현실화하는 과정을 참고할 필요가 있다. 그들의 사례 중에는 우리나라 진보 세력의 주장보다도 파격적인 내용들이 꽤 많이 있다. 그러나 누구도 그들이 전통적 보수의 가치를 훼손했다고 폄하하지 않는다.

과거 기득권과의 이별도 필요하다. 기득권 세력은 대한민국 보수층의 변화를 두려워할 것이다. 국민이 요구하는 경제 민주화의 화살이 궁극적으로는 그들에게 향해 있기 때문이다. 보수 세력은 더 이상 기득권을 비호해서는 안 된다. 본의 아닌 오해를 받을 이유도 없다. 새로운 보수를 위해, 새로운 대한민국을 위해 변화해야 한다.

## 지금, 대한민국의 진보

현실 정치의 진보 정당이라 할 수 있는 민주당 역시 현실은 새누리당과 오십보백보다. 오늘의 대한민국은 자유 민주주의라는 체제, 국가 주도적인 산업화와 경제 성장, 그리고 민주화라는 세 가지 기둥을 중심으로 발전했다. 그러나 민주당은 앞의 두 가치를 사실상 무시한 채 민주화에 과도한 의미를 부여하고 있다.

나도 전두환 군사독재 정권에 돌을 던지고 피를 흘리며 민주화 대열에 앞장섰지만, 같은 나이에 중동에서 피땀 흘리며 일해 달러를 벌어온 선배들, 그들의 노고를 바탕으로 이룩한 현대적 산업화, 완전 고용에 가까운 경제 발전 그리고 그 바탕에서 성장한 우리 기업들을 보면 무엇이 더 어렵고 가치 있었던 일인가에 대해 쉽게 답하기 어렵다. 이 두 가지 힘이 2인 3각 경기처럼 맞물려 돌아가며 오늘의 우리를 만들었음에도, 한쪽을 지나치게 폄하하고 다른 한편에만 지나치게 큰 의미를 부여하는 것은 옳지 않다. 또 국민이 바라는 바도 아닐 것이다.

이런 한계는 결국 지난번 대선 패배에 이어 최근 통합진보당 사태에서도 민주당에 불리하게 작용했다. 그들과 명확한 경계의 선을 긋지 못한 채 이념 논쟁에 휘말리게 되었고, 어정쩡한 태도를 취하면서 결국 지지율 하락을 야기했다.

진보 역시 변화가 필요하다. 최근 복지 예산과 관련한 세금 논쟁은 이런 진보의 변화를 가로막는 것이 무엇인지 보여주는 단적인 예다. 궁극적으로 복지 국가를 이루기 위해서는 모두가 세금을 내야하는데 누구에게 먼저, 더 많이 거둘 것이냐에 대한 답을 찾는 논의가 이뤄졌어야 했다. 그런데 무조건 상대의 의견에 반대하려다 보니 반대를 위한 반대가 꼬리를 물었고, 결국 '세금 폭탄'같은 자극적이고 선동적인 문구가 등장했다. 결과적으로는 아무 소득 없는 정쟁만 반복한 꼴이었다. 이는 분명 국민이 바라는 진보 정당의 모습은 아니었다.

기득권이 세력을 내려놓아야 하는 것은 진보 세력도 마찬가지다. 호남의 기득권, 운동권의 기득권이 민주당을 막고 있다. 민주당 내 386 의원들이 쥔 기득권을 민주당 발전의 최대 걸림돌로 보는 소리가 내부에서 나오는 것도 현실이다. 민심과 삶의 현장에 보다 밀착된, 국민의 마음이 담긴 정책들이 나오지 못하는 이유가 무엇인지 이젠 스스로 인정해야만 한다. 이미 흘러간 투쟁사의 그림자 속에 갇힌 채, 그 결과물 위에서 모든 것을 판단하고 이야기했던 과거의 자신들로부터 이별해야 한다. 심지어는 건전한 진보 세력도 민주와 반민주 대결의 틀에 머물러 있다. 지금 국민의 삶의 문제는 민주 투쟁이나 반독재 투쟁에 머물러 있지 않다. 시대착오적인 생각은 민주당 내에서 새로운 인물과 생각이 발전하지 못하도록 방해한다. 민주당은 국민의 삶을 체험하고 그 속으로 들어와야 한다. 그 다음 이를 진보적인 시각과 생각으로 현실화 시킬 수 있어야 한다. 경제적 틀의 문제, 재벌 문제, 시장 경제에서 정부 역할의 문제, 복지 취약층을 비롯한 우리 사회의 다양한 취약 계층의 문제들을 현실의 정치로 가지고 와 그들이 마주한 문제들을 현실적으로 해결할 수 있는 정당으로 탈바꿈해야 한다.

## 서로 인정해야 산다

결국 우리 사회의 모든 문제는 정치가 변해야 해결된다. 공존과 합의로 발전적 에너지를 이끌어내는 사회가 되려면, 정치가 싸움과 대결을 증폭시키는 역할을 그만두고 합의의 선도 역할을 해야 한다. 지금 정치권 전체는 뼈를 깎는 개혁의 의지가 필요하다. 가장 먼저 서로 존중하고 인정하는 자세가 필요하다. 산업화 세력은 민주화 세력을, 민주화 세력은 산업화 세력을 상호 인정하는 것이 새로운 세계로 나가는 시작점이 될 수 있다. 아울러 자기 고백이자 자기 선언이 필요하다. 우리 사회 정치 지도자들과 정치 주도 세력들은 자기가 보고 싶은 것만 보고, 자기와 다른 생각은 인정하지 않는다. 진보 세력은 박정희 전 대통령의 경제 성장 업적을 인정하지 않고, 보수 세력은 김대중 전 대통령이나 노무현 전 대통령의 민주화 업적을 인정하지 않는다.

여기에 지역 편 가르기까지 겹쳐 우리 사회의 갈등 구조는 더욱 악화되었다. 지역주의, 연고주의, 소집단주의로 자기들만의 이익을 추구했다. 자기 기억에만 집착하고, 다른 사람의 경험과 기억을 무시한다. 집단적 기억을 함께하는 소집단에 대해서는 관대하지만 다른 집단에 대해서는 배타적이고 가혹하다. 이런 미성숙함은 결국 우리 사회를 갈등 사회로 몰고 갈뿐 아니라 자기 집단에 대한 사회적 지지 기반을 스스로 축소시킨다.

이젠 이러한 것들과 이별해야 한다. 다른 세대를, 다른 이념 성향을 이해하고 존중하면서 자신의 차별성을 국민에게 설득시켜야 한다. 우리 사회에서 이념 성향의 좌와 우의 간격은 매우 크다. 그런 차이를 극복하고, 공존하면서 최대한 넓은 사회 집단의 합의를 추구하는 것은 갈등 관리를 위한 필수 조건이다.

선진국의 요소 중 우리가 가장 뒤떨어져 있는 것이 갈등 관리 능력, 공존과 합의의 경험이다. 짧은 기간에 엄청난 역사적 격변을 겪은 우리가 만족할 수준의 합의에 이르는 전통을 갖추는 것은 사실상 무리에 가까웠다.

지금 우리에게 중요한 것은 공존과 합의의 필요성을 진정으로 자각하는 것이다. 합의 전통이 발달한 유럽의 경우도 천성이 관대해서 타협한 것이 아니라, 타협 없이는 생존이 위협받는 상황에 닥치니 살아남기 위해 합의를 이룬 것이다. 한국도 이제 합의를 통한 갈등 관리 없이는 생존이 위협받는 상황이다. 지금부터 합의의 경험과 공존의 지혜가 계속 축적되어야 한다.

모든 문제를 이념의 문제로 몰고 가는 이념 과잉 태도 역시 배격해야 한다. 우리 정치에서는 이념에서 자유롭게 접근할 수 있는 문제들까지 색을 칠해 규정해 버리고, 대결로 몰고 가는 일이 너무 자주 일어난다. 이념의 문제로 다룰 것과 아닌 것을 구별할 줄 알아야 한다. 그러려면 일단 보수와 진보가 서로 만나야 한다. 그리고 대화와 소통을 통해 중간 지대와 공통 지대를 넓혀야 한다. 차이는 서로 존중하며 극단은 배제되어야 한다. 내가 만났던 조국, 유시민, 안희정. 그들은 모두 훌륭한 정치인이었고, 훌륭한 정치 파트너였다.

보수와 진보가 공존하기 위한 노력은 궁극적으로는 국가 차원의 역할 분담으로 이어질 수 있다. 군부 사조직 하나회의 해체는 보수의 대표였던 김영삼 정부가 해냈기에 군부의 저항을 약화시킬 수 있었고, 외환 위기 때 고통 분담 호소는 진보의 대표였던 김대중 대통령이 나섰기에 더욱 설득력이 있었다. 독일에서도 정리 해고로 노동 유연성을 확대하는 노동 개혁은 좌파인 사회 민주당이 주도했다. 이런 관점에서 접근하면 기업과 보수층에 경제 민주화와 복지 확대를 설득하는 것은 보수 정치인의 몫이다. 그리고 복지를 위한 보편적 증세를 위해서 노동자와 국민을 설득하는 것은 진보 정치인의 몫이다. 대북 정책에도, 대미, 대일 협상에도, 시민 단체의 목소리를 활용할 때도, 정치의 다면적인 역할 분담이 필요하다.

생각이 달라도 결국은 하나인 대한민국을 지향해야 한다. 진보와 보수가 대화하고, 역할 분담하며 더 좋은 정책을 내기 위해 선의의 경쟁을 해야 한다. 남을 탓하기 전에 나부터 돌아봐야 한다.

그런 의미에서 나는 가장 큰 죄인일지 모른다. 그 동안 위와 같은 내용을 말로는 수없이 했지만, 실천적 성과를 만들지 못했다. 합리적 보수와 건전한 진보를 위해 훈수는 많이 두었지만 무엇 하나 크게 바꿔 놓은 것이 없다. '원희룡, 네가 하는 소리는 다 옳지만, 너만 잘났냐'는 비난도 받았다. 보수와 진보, 모두를 비판하다보니, 진영 논리에 빠진 세력들로부터 좋은 소리를 듣지 못했다.

억울한 일도 많았지만 결과로 증명하지 못했으니 할 말도 없다. 극단적인 대결 정치를 극복하자는 말보다 그것을 가능하게 하는 비전과 경로를 제시했어야 하지만 그러지 못했고, 함께 할 동지들을 만들지 못했다.

이는 지난 12년간의 의원 생활을 돌아보며 가장 뼈아프게 반성하는 지점이자, 새로운 출발점에 선 내가 해결해야 할 첫 과제이다.

# 386의 눈물

지금도 그렇지만 대한민국의 정치는 언제나 삼류였다. 국민은 언제나 새로운 정치를 바랐다. 그런 바람은 여러 형태로 표출되었다. 박찬종, 문국현부터 최근의 안철수까지. 모두가 삼류 정치를 청산해 줄 메시아를 기다리는 국민의 열망이 불러낸 이름들이다.

## '386'이라는 이름으로

국민의 부름을 받은 이름 중에는 '386세대'도 있었다. 그 열망에 부응하듯 386이라는 세대적 대표성을 띤 많은 정치인들이 등장했다.

386세대(2000년대에 30대를 보냈고, 80년대에 대학을 다닌 60년대
생을 가리키는 말)는 전두환, 노태우 전 대통령으로 이어진 암울
했던 현대 정치사 한 모퉁이에서 누구보다 열정적으로 민주화
를 위해 싸운 세대였다. 자신의 손으로 대한민국의 민주화를
이루어 냈다는 남다른 자긍심을 가지고 있는 세대이며, 이제
40, 50대가 되어 대한민국의 요소요소에 포진해 있다.

386세대는 대학 시절을 포함한 20대를 독재 정권에 대항
하고, 대한민국의 민주화를 앞당기기 위해 희생했다. 그러나
한편으로는 선배들이 이뤄 놓은 산업화의 토대 위에서 대학
졸업 후 완전 고용의 행운을 누린 유일무이(唯一無二)한 세대이
기도 하다. 민주화 운동을 통해 얻은 삶의 경험과 에너지는 그
들이 사회에 진출해 삶의 터전을 닦는데 큰 힘이자 원천이 되
었다.

정치 무대에서도 386세대의 행운은 유효했다. 사회에 진
출한 386세대들처럼 선배들이 이룬 토대 위에서 기회를 잡고,
평탄한 시절을 보낸 복 많은 세대였다. 나 역시 그중 하나였다.

1987년 이후, 민주화 세력은 김영삼 전 대통령을 지지하는
이들과 김대중 전 대통령을 지지하는 이들로 양분되었다. 국민

은 그들만의 세상에서 노상 세력 다툼을 벌이는 기성 정치인들에게 넌더리를 느꼈다. 정당에서는 운동권 출신들에게 적극적인 러브콜을 보내왔다. 이것은 새로운 시대를 원하는 국민의 열망에 답하는 변화의 몸부림이었다.

정치에 등장한 386세대들은 기존의 낡은 정치 이미지를 개선하고 정치권에 활력을 불어 넣었다. 이때 정치권에 합류한 이들이 노무현, 유시민, 이부영 등 70~80년대에 활약한 민주화 세대였다. 그리고 2000년 선거 때부터 이들이 열어 놓은 길 위로 80년대 학생 운동의 주역들인 386세대의 본격적인 정치권 데뷔가 이어졌다.

이들의 주요 무대는 당시 야권인 민주당이었다. 정당의 입장에서 386세대는 새로운 인재 공급의 창구였고 김민석, 우상호, 임종석, 송영길 등 전대협으로 대표되던 80년대 학생 운동의 주역들은 손쉽게 정치권으로 입성했다. 앞서 정치권에 자리 잡은 운동권 선배들은 기존 관계를 중심으로 이들을 밀고 끌며 대한민국 정치권에 새로운 개혁 집단을 이루었다.

여권인 한나라당도 이러한 변화를 모른 척할 수는 없었다. 낡은 보수 정당의 이미지를 벗고, 새로운 유권자를 이끌 젊은 피가 필요했다. 마침 이념적, 가치적으로는 보수적인 성향을 가지고 있으나, 현재의 보수 정당에는 동의할 수 없는, 그래서 이들 안으로 들어가 변화의 한 축이 되고자 했던 운동권 출신들의 움직임이 있었다. 그들이 김성식, 정태근, 그리고 나 원희룡이었다.

한나라당은 우리를 영입해 자신들의 유연함을 국민적으로 홍보하려 했다. 더불어 지지층의 스펙트럼을 넓힐 수 있는 좋은 기회도 얻을 수 있다고 생각했다. 나를 비롯한 젊은 피들은 보수 정당의 중심에서 한국의 진정한 보수 개혁을 이루겠다는 열망을 가지고 있었다. 그렇게 우리와 한나라당은 서로를 받아들였고, 나는 기성 정치권에 합류했다.

그로부터 10여 년이 지난 지금, 386이라는 이름은 여야 정치권을 불문하고 국민에게 실망감 그 자체가 되어 버렸다. 국민은 우리가 정치 변화와 개혁을 이루길 바랐다. 그러나 2014년, 현재 누구도 우리에게 같은 기대를 거는 사람은 없다. 386세대의 정치인들은 앞서 봐 왔던, 그리고 실망을 안겼던 그런 정치꾼들과 똑같이 여겨진 지 오래다.

## 그들의 초심은 어디로 사라졌을까?

왜 그렇게 되었을까? 어디서부터 잘못된 걸까? 2002년, 노무현 전 대통령과 386세대는 그들이 주축이 된 정권을 만들어 냈다. 노무현 전 대통령은 노란 풍선과 돼지 저금통으로 대변되던 국민의 간절한 기대를 등에 업고 청와대에 입성했다. 정권 초기, 변화와 혁신을 바라는 국민적 기대감은 엄청났다. 우리 정치 역사에서 오랫동안 축적된 수많은 과제들을 젊은 민주화 세대들이 해결해 주길 바랐다.

그러나 결과는 어땠는가? 부동산 정책의 실패로 위기를 맞은 경제, 사교육비 폭등만 가져온 교육, 매끄럽지 못했던 대미 외교, 사회적 반발을 가져온 대북 정책 등, 노무현 정부는 국민의 높은 기대에 부응하지 못했다. 그들에게 가장 크게 기대했던 정치 혁신 역시 마찬가지였다.

나는 진보 386이 실패했던 이유를 두 가지로 생각한다.

첫째로 정권을 잡을 준비가 되어 있지 않았다. 민주화 운동과 현실 정치는 분명히 달랐다. 정권을 유지하기 위해서는 현실 정치에 맞는 전문적이고 세련된 실력자가 필요했지만, 노무현 정부 안에는 그런 능력을 가진 사람이 거의 없었다. 학생 운동 시절의 사명감으로 무장한 채 패기 있게 정치 일선에 나섰지만, 이는 오히려 독으로 다가왔다.

둘째로 여전히 1980년대에서 벗어나지 못하고 있었다. 노무현 정권의 인사들은 오늘의 자신을 만든 민주화 운동, 학생 운동의 도그마에 사로잡혀 빠져 나오지 못했다. 결국은 '1980년대의 나'가 '오늘의 나'의 발목을 잡고 말았다. 이들은 한나라당과는 또 다른 의미에서 새로운 세상에 발 빠르게 적응하지 못했다. 이런 점들이 국민에게는 정치인으로서 세련된 스타일과 자세를 갖추지 못한 것으로 비춰져 정권을 끊임없이 괴롭혔다.

현실 정치에서 직면한 문제들은 그들의 의식 속에 깊숙이 내재되어 있는 이분법적 사고만으로 해결할 수 없는 것들이었다. 정치와 의회는 선과 악, 옳고 그름으로 판단할 수 있는 민주화 투쟁 현장이 아니다. 각기 다른 계층과 이권들이 복잡하게 얽힌 생업의 현장이며 진정한 현실의 공간이다. 그러나 그들은 이러한 현실에 대처할 준비가 되어 있지 않았다. 그렇게 386세대가 처음 잡은 정권은 능력과 자질 면에서, 자세와 스타일 면에서 모두 부족했다.

386세대 정치인들의 의사 결정의 뿌리는 절대적 독재 권력에 대항하는 저항 정신에 있었다. 그렇게 20대를 보냈고, 큰 변화 없이 30대와 40대가 되었다. 그런데 그들이 뛰어든 현실 정치와 2000년대의 새로운 세상은 그들의 프레임 밖에 있었다. 결국 386세대를 주목받게 만든 주류에 대한 저항 의식은 그들이 주류가 되는 것을 방해한 셈이 되었다.

그들에게 필요했던 것은 상대에 대한 증오와 적대감이 아닌 포용과 리더십, 안정감과 신뢰감이었다. 윽박이 아닌 절제와 타협의 미가 필요했다. 그러나 그들은 과거와 이별하지 못하고, 당면하는 문제들을 사사건건 대결과 저항으로 대처했다. 그 배경에는 자신들만이 옳다는 치기도 있었다. 이는 곧 과거 운동권의 투쟁 논리와 직접적으로 연결되어 있었다.

노무현 정권 내내 갈등이 끊이지 않았던, 그래서 처음부터 끝까지 발목을 잡았던 보수 언론, 재벌, 여당과는 보다 세련된 관계 설정이 필요했다. 고착된 주류 권력이자 그들의 입장에서는 반드시 개혁하고 혁신해야 할 대상들과도 점진적이며 세련된 타협의 미를 발휘해야 했다. 그러나 그들은 줄곧 대립각을 세웠다. 이런 모습이 국민에게는 '이전 권력은 모두가 투쟁의 대상'인 것처럼 비춰졌다.

국민은 3김 시대 이후 만연한 지역 갈등, 세대 갈등, 계층 갈등을 매듭짓고 통합된 새로운 대한민국을 만들어 주기를 기대하며 그들을 선택했다. 그러나 그들은 윽박과 죽기 아니면 까무러치기 식의 일관된 전투 자세를 굽히지 않았다. 그 과정에서 보수 언론, 재벌, 결국에는 그들 자신까지 모두 패자가 되었다.

노무현 전 대통령이 결국 찬성했던 한미 FTA 문제는 아직도 그 답을 찾지 못하고 표류 중이다. 진정 미래의 한국을 고민했다면, 치열한 세계 경제 경쟁 속에서 대한민국의 위치를 걱정했다면 이 문제는 애초에 명확하게 해결되었어야 했다. 그러나 1980년대 반미 구호를 외친 그들은, 『박현채의 민족 경제론』을 읽고 학습했던 그 시대의 그늘로부터 벗어나지 못했다. 노무현 전 대통령과 그 주변의 386세대 참모들은 이러한 시대적 괴리감, 현실과 이상의 괴리감에 좌충우돌 고민하다가, 소중한 시간을 뚜렷한 결과물 없이 날려 보내고 말았다.

서민 경제 문제는 더욱 심각했다. 지금도 가계 부채에 짓눌려 신음하고 있는 이들 대부분이 노무현 정부 때 집을 샀던 서민이다. 오늘도 집 하나 끌어안고 생활고를 견디는 67만 가구의 하우스푸어들이 당시 부동산 정책의 실패를 증명하는 증인들이다. 세금 정책, 공급 정책, 투기 억제 정책 등 열 번 이상의 굵직한 부동산 정책이 쏟아져 나왔지만 결과는 모두 실패였다.

부동산 가격은 폭등을 거듭하더니, 내 지역구였던 목동의 1억 9천만 원짜리 30평대 아파트 값이 5억 원을 넘는 지경까지 이르렀다.

문제가 심각해지자 강력한 LTV(주택 담보 대출 비율) 규제를 통해 서민들이 빚을 안고 주택에 투자하는 것을 제한함으로써 투기 열풍을 잠재웠지만, 이미 너무 늦은 상황이었다. 물론 부동산 폭등은 김대중 정부 말기부터 전조(前兆)가 있었던 것으로, 모든 것을 노무현 정부의 책임으로 돌릴 수는 없다. 하지만 원인을 어디에서 찾든지, 상식 밖의 광풍을 잠재우지 못한 책임을 벗어나긴 어려워 보인다. 정부를 믿다가 뒤늦게 투기 대열에 뛰어든 서민들은 더 큰 피해를 보았고, 지금도 소득의 상당 부분을 은행 이자로 물고 있다.

부동산 정책 실패로 인한 반사 이익은 고스란히 엉뚱한 사람들에게 돌아갔다. 아이러니하게도 그들이 척결의 대상이라 여겼던 상위 1% 부자들이 이 시기에 부동산 투기를 통해 많은 재산을 증식했다. 술자리에서는 '이대로, 쭉!'이라는 건배사가 유행할 정도로, 세상은 그들의 생각과 다르게 움직였다. 서민을 위한 정부를 표방하며 서민들의 지지를 받아 출범한 정부는 이렇게 서민 가계 부채 1,000조 시대라는 엄청난 경제적 부담을 남기고 말았다.

386세대에게 부동산과 사교육 문제라는 평생의 짐을 지운 주체가 386세대가 권력의 핵심이었던 노무현 정부였다는 사실은 우리를 슬프게 한다. 그들은 역사적으로 어떤 정치인들보다 동시대를 사는 이들의 아픔을 공감하려고 노력했다. 그러나 실력과 자질이 준비되지 않았기에 결국 현실 정치라는 높은 벽 앞에서 처절히 부서지고 말았다. 그들과 같은 세대를 살아온 동세대 정치인으로서 뼈저리게 아픔을 느끼는 대목이다.

이들과 나는 국회에서 수시로 얼굴을 마주하는 관계였기에 공석에서, 사석에서 대화를 나눌 기회가 많았다. 치열하게 토론할 때는 서로의 의견을 상당 부분 공감하고 인정했지만, 돌아가면 그들의 프레임에 빠져 똑같은 모습이 되곤 했다.

과거의 자신과 이별을 고할 용기, 자기 혁신의 문제가 결국 그들의 발목을 잡은 것이다. 민주화의 가치와 투쟁을 통한 승리의 경험들은 오히려 그들을 세상과 격리시켰고, 보수와 진보, 세대와 계층을 뛰어넘는 포용력을 발휘하지 못하게 가로막았다. 자신이 인정하지 않는 상대에게는 타협의 여지조차 주지 않았고, 과거의 기득권 세력은 모두 때려잡아야 할 대상으로 치부되었다. 이런 분위기에서는 그 어떤 사회적 대타협도 이루어질 수 없었다.

## 로드맵 전성시대, 위원회 전성시대

집권 세력에게는 명확히 주어진 시간이 있다. 그래서 집권 당시 잘 훈련되고 준비된 권력이어야 한다. 386세대 정치인들도 무엇을 할 것인지, 어떤 방식으로 주어진 시간에 어디까지 할 것인지가 명확히 계획되고, 준비되어 있어야 했다. 그러나 많은 정치인들은 노무현 정권 5년을 '2030년 로드맵을 작성하다 흘려보낸 시간'이라며 비아냥거렸다. 혹자는 그 시간을 '로드맵 전성시대, 위원회 전성시대'라 부르기도 한다. 어디까지가 사실인지 확언할 수는 없지만, 적어도 그들을 준비된 권력이라 말할 수 없는 흔적들은 여러 곳에서 발견할 수 있다.

지금까지도 찬반이 엇갈리는 세종시 문제도 그렇다. 내가 세종시를 꼭 짚은 이유는 정책 자체의 문제보다는 대못 박기식 정책 집행 과정을 말하고 싶기 때문이다. 이는 무능의 문제인 동시에 책임감의 문제였다. 나 역시 국토의 균형 발전이라는 큰 틀에 전적으로 동의한다. 그러나 최근 제기되는 크고 작은 문제점들을 볼 때, 행정 수도 이전 정책은 임기 중에 업적을 내기 위해 대못을 박아 버리겠다는 접근 방식에서 나온 것 이상으로 볼 수 없다. 구태의연한 정치로 여겨지는 이런 정책 집행 과정이 권력의 비이성적이며 추악한 모습을 바꿔보겠다던 노무현 정권에서 나타났다는 사실은 우리를 씁쓸하게 만든다. 정치권의 젊은 피였던 386세대는 그렇게 지난 권력의 추악한 모습을 닮아가고 있었다.

## 니들이 보수를 알아?

내가 이렇게 노무현 전 대통령과 그를 대통령으로 만들었던 386참모들의 아픈 모습들을 들춘 것은 동세대 정치인으로써의 안타까운 마음과 부러운 마음 때문이다.

'그래도 야권의 주류가 된 그들에겐 기회라도 있지 않았던가!'

보수의 혁신을 기치로 한나라당에 들어왔던 386세대 중에는 이제 나만 남았다. 모두가 이 터를 떠났다. 우리의 꿈은 원대했다. 대구 경북을 중심으로 한 지역 당의 한계를 넘어서, 기득

권 중심의 세력이 아닌 건전하고 합리적인 보수 가치를 세우려
고 했다. 대한민국의 새로운 보수당, 진짜 보수당을 만들려고
했다.

정치에 입문한 그날부터 오늘 이 순간까지 나는 "왜 새누
리당이냐? 왜 보수를 택했냐?"는 질문을 가장 많이 받는다. 그
것은 사실, 대학을 나와 사회에서 검사 생활을 하면서 스스로
에게 수없이 던졌던 질문과도 맞닿아 있었다.

진보적 가치를 지닌 정치 집단은 인간의 선한 부분을 인정
하면서 논리를 펼친다. 도덕 중심적이고 이타적인 인간의 본성
에 의해서 사회가 돌아간다고 전제하고 이야기한다. 이를 극단
적으로 실현한 국가들이 사회주의 국가들이었다. 그런데 실제
로 만들어진 사회주의 국가들은 그렇게 작동하지 않았다. 우리
는 역사 속의 사회주의 국가들을 통해 수많은 예를 확인했다.
난 그런 현실을 직시했고 그들의 논리에 동의할 수 없었다.

나는 사회가 인간의 탐욕을 동력 삼아 발전한다는 생각에
더 동의했다. 에드먼드 버크나 다윈의 진화론, 애덤 스미스의
도덕 감정론까지 들추지 않더라도 인간의 이기적인 본성이 진
화의 동력이 되었다는 것은 자본주의 사회 곳곳에서 증명된다.
이 탐욕과 동력을 사회적으로 어떻게 통제해야 하는가의 문제

가 있긴 하지만, 이를 악이나 개조해야 할 대상으로 보는 것에는 동의할 수 없었다. 이것은 문화대혁명이자 파시즘으로 가는 길과 다를 바 없다. 그것은 내게 너무 위험해 보이는 길이자 동의할 수 없는 길이었다.

인간은 나약한 존재이다. 나 역시 항상 옳을 수는 없었고, 결국 공존과 타협이 인간의 지향점이었다. 이런 생각들은 운동권 깊숙이에 들어와 있던 전체주의적 철학과의 결별을 고한 90년대, 내 30대의 치열한 고민이자 결론이었다. 이것은 곧 내가 한나라당을 선택하게 된 중요한 이유이기도 했다.

물론 내가 생각했던 보수와 당시의 한나라당은 여러 면에서 매우 달랐다. 그럼에도 불구하고 한나라당에 입당했던 이유는 내가 서 있는 민주주의라는 체제가, 그리고 현실 정치라는 무대가 정당의 힘을 필요로 했기 때문이었다. 정치를 하기로 결심한 이상, 정당에 입당하지 않는 것은 현실적으로 불가능했다. 그리고 그 현실 앞에서 나는 그저 초라하고 힘없는 개인일 뿐이었다. 결국 선택의 문제였다. 민주당과 한나라당, 우리나라를 이끄는 양 당 중 결국 난 보수의 뿌리를 찾아 한나라당에 입당했다. 최선이 아닌 차선의 선택이었다. 나는 그렇게 정치를 시작했다. 나와 함께 한나라당에 들어온 386세대들의 생각도 별반 다르지 않았다.

그러나 내 생각과 현실 간의 괴리는 상상 이상으로 컸다. 현실의 벽은 견고하고 높았다. 한나라당은 내가 생각했던 가치 중심의 합리적인 보수들의 모습이 아니었다. 당 내에는 우리 현대사가 배출한 또 다른 유형의 보수가 있었다. 광복 이후 일본 군국주의의 잔재를 버리지 못한 보수, 북한에 맞서기 위한 또 다른 국가주의 보수 계층이 우리 사회의 기득권과 결합되어 수구 보수 세력을 형성하고 있었다. 국가주의와 전체주의 철학으로 무장하고 있지만 실제로는 손에 쥔 기득권을 빼앗기지 않으려 안간힘을 쓰는 구세대에 지나지 않았다.

개인적으로는 수구 보수와 함께하는 것이 매우 불편했고, 이들의 의견에 쉽게 동의하기 어려웠다. 그러나 알고 보면 모두 우리 역사가 낳은 산물이었다. 눈을 돌려 무시할 수만은 없는 현실이었다. 나와 같이 새로운 보수를 탄생시키기 위해 입당한 동료들부터 수구 보수적인 관념이 깊이 자리 잡은 사람들까지, 모두 한나라당이라는 이름 아래 혼재되어 있었다. 괴로웠다.

그러나 이보다 더욱 나를 슬프게 했던 현실은 정치인으로서의 대표성은 망각하고 자신의 욕망을 채우기에 급급한 사람들이었다. 그들은 권력이라는 찬란한 티켓을 받기 위해서는 눈물 날 정도로 치열하게 투쟁했다. 그러나 우리 공동체를 통합하고 갈등을 해결하고, 소리조차 내지 못하는 아픔의 현장을 찾아 정치권의 과제로 설정하고 답을 찾아 나가는 과정에는 관심이 없었다. 이들은 가치와 이익이 충돌했을 때, 두 가지가 공존할 수 있도록 타협하고 조정하기보다는 기득권을 유지하는 방향으로 문제를 해결했다. 이는 우리 정치가 지금의 대결 구도를 가지게 된 주요 원인이자, 한국의 보수가 특정 지역 당 혹은 1% 기득권자들을 대변하는 당이라고 비춰지는 결정적인 이유였다.

이들은 승리가 보장되는 지역에 공천을 받아 쉽게 국회에 입성하여 아성을 지켰다. 이런 정치 환경 속에서 나는 갈등할 수밖에 없었다. 진보 386세대에게 부족했던 갈등 해결 능력의 결핍은 내게도 남아 있었다. 투쟁적 관점으로 바라보고, 나와 다르면 선을 긋고, 배척하는 편협한 가치관은 운동권 출신의 고질적인 병이었다. 위에서 말한 386세력의 병증은 나에 대한 고백이기도 하다. 당의 선배 정치인들과 허심탄회하게 이야기하고 거리를 좁혀 가면서 개혁의 과제들을 차근히 진행시키지 못했다. 일단 싫으니 멀리하고 만나지 않게 되었다. 대신 언론을 통해 수구 보수의 문제점을 지적하고 합리적 보수가 가야 할 방향에 대해 떠들었다. 보수 언론은 떨떠름하게 지켜봤고, 진보 언론은 신 나게 받아 적었다. 내가 한 인터뷰는 앞뒤가 잘린 채, 수구 보수를 공격하는 자극적인 헤드라인으로 기사화되었다. 당의 중진들은 신문 기사를 보고 나를 비난했고, 나는 그런 그들이 미워 더욱 더 수구 보수를 비판했다. 이 과정에서 본의 아니게 화제를 모으며 정치적 체구가 커져갔다.

그러던 차에 한나라당 대통령 선거 경선에 출사표를 던졌다. 내 나이 43세 때였다. 대통령 선거에 출마했으니 2007년 새해를 맞아 전직 대통령들에게 인사를 해야 한다고 길을 나섰다. 김영삼, 김대중, 전두환 전직 대통령들에게 세배를 했다. 전두환 전 대통령과의 인사가 꺼림칙했지만 대통령 선거 출사표를 내고 인사를 하는 마당에 누구는 빼고 하는 것도 이상하고, 이제 과거는 잊고 미래로 가야 하지 않겠냐는 생각이었다.

결과는 처절했다. 다음날 언론과 여론은 나를 비난하는 글로 도배되었다. 돌이켜 보건데 그 또한 나의 과오였다. 내가 그와 그 시대를 용서한다고 용서되는 것이 아니었다. 민주화 운동으로 인해 희생됐던 수많은 열사들, 공장에서, 학원에서, 거리에서 뿌려진 피와 땀, 눈물을 내가 무슨 자격으로 대표하려 했던가. 386세대의 대표성을 등에 업고 오만에 빠졌던 정치 풋

내기의 치명적인 헛발질이었다. 그때 기자회견을 통해 고개 숙여 사죄했지만 지면을 통해 다시 한 번 나의 철없는 행동으로 상심했을 분들께 용서를 구하고 싶다.

내가 반복되는 도전과 좌절로 괴로운 나날을 보내고 있을 때, 야권의 동료들은 그들의 무리에서 중심을 향해 성큼성큼 나아가고 있었다. 반면 우리는 여전히 그 자리였다. 우리는 언제나 변방이었고, 조직의 필요에 의해 사용되는 액세서리에 불과했다. 보수당도 개혁의 몸부림을 치고 있다고 국민에게 어필해야 하는 상황에서만 우리의 존재가 부각되었다. 이렇게 전략적으로 이용되다가 시간이 지나면 잊히는 일이 반복되었다. 이런 식으로는 당의 근본적인 개혁이 불가능했다. 비록 스포트라이트를 받지 못하더라도 지속적인 변화를 위해 가치 중심으로 뭉칠 사람들이 필요했다. 그러나 현실은 녹록치 않았다. 결국 그런 한계를 극복하지 못하고 한나라당 내의 386세대는 사라져 갔다.

혹자는 그런 나에게 묻는다. "왜 그런 사람들끼리 하나의 힘으로 뭉치지 못했느냐?"고. 당시 우리 개인의 기질 속에는 저항적이고, 독선적인 운동권 문화가 깃들어 있었다. 필요에 따라서는 상대에게 머리를 숙이거나, 의견을 흡수, 통합했어야 함에도 불구하고 각자 자기 목소리만 내기 바빴다. 이슈 하나하나에 대한 의견이 엇갈렸고, 그렇게 서로 같지만 다른 길을 걸었다. 과거 운동권의 잘못된 '대장질'에 익숙했던 우리들은 3명이 모이면 3명이 다 대장이었고, 5명이 모이면 5명이 다 대장이었다. 어려울 때 서로 돕기보다 이슈의 중심에 떠오르는 동료를 시기하고 질투했다. 돌아보면 우리는 하나가 될 수 있었고, 보수 정당 개혁의 초석이 될 수 있었다. 그러나 결국 힘을 모으지 못한 채 그렇게 각자의 길을 걸어갔다.

우리가 바꾸려 했던 당은 그때와 같은 모습으로 지금 그 자리에 서 있다. 그리고 정작 바뀐 것은 그들이 아닌 우리였다.

보수의 386과 진보의 386. 그들은 국민의 큰 기대를 한 몸에 받으며 정치권에 등장했다. 그러나 다신 없을 소중한 기대를 저버렸다. 처한 상황과 이유는 달랐지만 결과적으로 우리는 모두 실패했다.

되돌아보면 386세대에게 필요했던 것은 자기를 변화시킬 수 있는 용기와 정직성이었다. 시대적 소명에 응답하며 용기 있게 자신을 돌아보고 변화시켜 나갔어야 했다. 이제 와서 지난 실수들을 되돌릴 수는 없지만, 실패의 경험은 또 다른 정치적 자산으로 남았다.

많은 386세대 정치인들이 자의로, 타의로 일선을 떠났지만 일부는 험난한 고행의 과정을 뚫고 살아남았다. 현재 그들은 각 당의 중진으로, 주요 자치 단체장으로 성장해 있다.

우리에게 주어진 시간은 그래서 더 소중하다. 국민에게 남아 있는 일말의 기대를 끌어 모아, 386세대에게 주어진 역사적 소명을 다할 날이 오기를 희망한다.

3장

# 국민이
# 믿지 않는
# 국회

# 경제의 발목을
# 잡고 있는 정치

모두가 아우성이다. 16년 전, IMF 금융 위기 때보다도 훨씬 살기 힘들다는 이야기가 여기저기서 터져 나온다. 저소득층으로 내려갈수록 아우성은 더욱 거세다.

정부는 우리 경제가 2013년, 최초로 무역 트리플 크라운(무역량 1조 달러 달성, 최대 수출, 최대 무역 흑자 달성)을 달성했다고 선전했고, 박근혜 대통령은 2014년 신년사를 통해 경제 성장률 4%, 국민 소득 3만 달러, 고용률 70%를 약속했다. 그러나 서민들이 체감하는 경기는 냉랭하기만 하다.

대기업들의 실적도 그 안을 꼼꼼히 들여다보면 가히 낙관적이라 할 수 없다.

## '삼성 착시 현상' 심화… 삼성전자 빼면 올 마이너스 성장

"3분기 경제 성장률 1.1%, 2분기 연속 1%대 성장, 전년 동기 대비 3.3% 성장." 한국은행이 25일 공개한 한국 경제 성적표다. 같은 날 삼성전자가 매출 59조 835억 원과 영업 이익 10조 1,636억 원으로 사상 최고 실적을 내놓았다. 하지만 '주식회사 대한민국'의 속내를 살펴보면 삼성전자를 제외하고는 마이너스 성장세다. '삼성전자 착시 현상'으로 여유를 부릴 경우 한국 경제의 성장 엔진이 꺼질지도 모른다는 우려가 제기되는 이유다. 머니투데이가 25일 현재 3분기 실적을 공시한 삼성전자 등 매출 상위 10위 기업의 매출과 영업 이익을 분석한 결과 올해 1~3분기 누적 매출은 491조 3,307억 원, 누적 영업 이익은 45조 1,505억 원으로 집계됐다.

하지만 삼성전자 실적을 제외하면 사정이 크게 달라진다. 올 3분기 기준 10대 기업 누적 매출에서 삼성전자가 차지하는 비중은 34.5%, 영업 이익에서 차지하는 비중은 63.1%에 달한다. 삼성전자 혼자 벌어들인 이익이 나머지 9개 기업을 앞선다는 얘기다.

최근 들어 삼성전자가 10대 그룹에서 차지하는 매출과 이익의 비중은 더욱 높아지고 있다. 지난 2분기 10대 기업의 매

출과 영업 이익 중 삼성전자가 차지하는 비중은 각각 34.2%
와 59.9%였으나, 3분기에는 매출 비중이 36%, 영업 이익 비
중은 67%로 높아졌다. 이는 삼성전자가 글로벌 시장에서 선
전해 성과를 높인 측면도 있지만, 삼성전자를 제외한 나머지
기업들의 시장 상황이 좋지 않아 삼성전자의 비중이 높아지
고 있음을 반증하는 것이다.

(머니투데이, 2013. 10. 26 발췌)

대기업은 투자처와 활로를 찾지 못해 아우성이고, 중견 기
업과 중소기업은 갈수록 심해지는 대기업의 횡포에 괴로움을
호소한다. 서민 경제의 변화를 피부로 체감하는 소상공인들은
더 처절하다.


**무엇이 문제일까?**


한국전쟁 이후 60년간 '한강의 기적'을 이뤄낸 패러다임은
압축식 성장론이었다. 우리는 정부 주도하에 국가적 자원을 선
택과 집중했다.

국가는 선택받은 기업들을 집중적으로 지원했다. 이를 바탕으로 일부 기업들은 글로벌 기업으로 성장했다. 기업의 성장이 곧 국가의 성장이었고 국가의 성장이 곧 기업의 성장인 시절이었다. 우리는 그렇게 국가 주도형 계획 경제를 통해 오늘날의 한국 경제를 일궈 냈다.

이 정책의 핵심은 낙수 효과였다. 국가가 투자한 기업이 이익을 내고, 기업은 일자리 창출과 재투자라는 형태로 국가에 보답했다. 그 과정에서 돈은 대기업에서 중소기업으로, 일반 국민과 다양한 경제 주체들로 자연스럽게 흘러들었다.

그런데 언제부터인가 이 패러다임은 더 이상 효과를 내지 못하고 있다. 대기업은 수천 억 원에서 수십 조 원의 사내 유보금을 쌓아 놓은 채 국가의 규제와 조세에 대한 불평을 늘어놓았다. 국민은 기업의 성장이 곧 국가와 국민의 성장으로 이어지던 시대는 갔다며 탐욕스러운 재벌과 기업을 비난했다. 문제는 이 과정에서 중요한 역할을 해야 할 정치와 정부의 모습이 묘연하다는 것이다.

뉴스의 한 장면이 떠오른다. 역대 어느 정권이든 새 정부가 출범하면 어김없이 대통령과 대기업 총수들 간의 식사 회동이 이뤄졌다. 이 자리에서 대통령은 기업들에게 투자와 고용 확대를 요청한다. 기업들은 대통령에게 규제 완화와 세금 인하를 건의한다. 회동이 끝나면 각 기업은 곧 투자와 고용 확대에 대한 계획과 목표를 발표한다.

경제를 살리기 위해 일하는 정부와 이에 협조하는 대기업의 아름다운 모습처럼 보이는가? 실상은 그렇지 않다. 이런 자리를 가진 후 기업들의 불평불만은 오히려 더욱 커진다.

문제는 소통이다. 대통령을 비롯한 정부와 기업 간의 소통은 매우 중요하다. 그러나 청와대 오찬 같은 권위적이고 의례적인 행사를 통해 얼마나 많은 실질적인 투자와 고용 확대가 이루어질까? 사실상 '할당'에 가까운 기업의 목표는 발표 당시에만 잠시 화제에 오를 뿐이다. 실제로 정권 초기에 천명한 대기업들의 목표가 얼마큼 달성되었는지 확인한 적은 거의 없다. 결국 이 모든 것은 대통령과 정부가 투자나 고용을 챙기고 있다는 것을 대외적으로 표출하기 위한 홍보 효과로만 남는다. 기업은 이러한 정부의 의도에 부응하기 위해 종이 위에 예쁜 그림을 그려 낸다.

어느 기업인은 내게 이렇게 이야기했다.

"청와대 오찬 같은 이벤트는 아무 의미가 없다. 진심으로 대기업의 사회 투자를 이끌어 내려면 대통령이 비서실장과 경제수석을 배석시켜 주요 기업 대표들을 일대일로 면담해야 한다. 이런 자리를 통해 각 기업의 주력 투자 분야와 목표를 파악하고, 그들의 애로 사항과 정부의 도움이 필요한 부분을 경청해야 한다. 서로 수용 가능한 선에서 결론을 내고, 이 자리에서 이야기된 사항들을 반드시 이행하기로 약속한다면 기업의 투자는 눈에 띄게 활성화될 것이다."

맞는 말이다. 미국의 클린턴 대통령은 종종 기업인들이 참여하는 칵테일파티를 열어 개방된 분위기에서 허심탄회하게 토론했다. 이 자리에서 교환된 아이디어는 국가 정책으로 반영되었다.

대기업이 투자에 소극적인 것은 돈이 없어서가 아니다. 현재 10대 기업에 유보된 자금만 477조 원 이상이다. 이는 우리나라의 1년 예산보다도 많은 돈이다. 기업이 돈을 풀지 않는 것은 불확실성과 위험 때문이다. 기업은 수익이 나는 투자처만 있다면 어디서든 돈을 끌어온다. 그것이 기업의 속성이다. 그러니 뒷날을 약속하지도 못하면서 무조건 투자만 강요하는 정치권에 불만이 생기는 것은 당연하다.

## 사고의 전환이 필요하다

우리 경제의 문제점을 해결하기 위해서는 국가 성장 패러다임의 변화가 필요하다. 60년 전과 같은 사고의 틀로는 지금의 경제를 이해할 수 없다. 우리 경제 환경은 그때와 전혀 다르다. 양극화가 심화되고, 많은 국민이 반(反) 기업 정서를 가지게 되었으며, 이에 따라 제 2의 삼성, 현대와 같은 대한민국을 이끌 새로운 기업이 탄생하기 어렵다는 인식이 깔려 있다. 이와 같은 경제 구조를 지적하는 많은 전문가들의 목소리가 반영된, 새로운 경제 성장 패러다임이 필요하다.

그 목소리가 구체적으로 나타난 것이 지난 18대 대통령 선거였다고 생각한다. 이념과 정파를 초월해서 모든 후보가 한 목소리로 경제 민주화를 외쳤다.

지난 대선에서 박근혜 대통령이 경제 민주화를 공약으로 내건 것은 이러한 시대적 요청을 반영한 탁월한 결정이었다. 나는 박근혜 후보가 경제 민주화를 주장한 대표적인 인물인 김종인 박사를 영입하여 경제 민주화를 약속하는 것을 보고 신선한 충격을 받았다. 그를 아는 모든 이들에게 김종인이라는 이름 석 자가 주는 무게감은 상상 이상이다. 나에게도 김종인 박사는 강렬한 기억으로 남아 있다.

많은 이들은 1987년 6.29 민주화 선언을 대통령 직선제를 받아들인 개헌으로만 기억하고 있다. 그러나 그때 개정된 헌법 중에는 중요한 대목이 하나 더 있었다. 바로 경제 민주화 조항이었다. 당시 민정당 개헌 특위 담당자였던 김종인 의원은 경제 민주화 조항을 관철시키는 데 앞장섰다.

"그동안 우리의 경제 성장 과정을 봤을 때, 머지않아 경제 권력이 정치권력을 압도하는 상황이 도래하게 될 것이다. 경제 권력들이 자신들의 탐욕을 스스로 제어할 수 없는 상황을 맞이했을 때 이를 견제할 장치를 준비해야 한다. 경제 권력의 탐욕은 우리 사회 발전을 방해할 것이다."

그때 반영되었던 조항들이 독과점 규제, 경제 주체 간의 균형적인 분배, 소득 분배의 개선과 같은 내용들이었다.

김종인 박사가 노태우 정부의 청와대 경제 수석으로 재직할 당시에는 획기적인 부동산 정책을 제시하기도 했다. 88올림픽 이후 부동산 가격이 걷잡을 수 없이 폭등했다. 그러자 이를 해결하기 위해 기업이 투기 목적으로 가지고 있던 비업무용 부동산을 강제 매각해야 한다는 주장을 한 것이다. 재벌들은 "청와대에 사회주의자가 들어앉아있다!"며 저항했다. 그러나 그는 엄청난 반대에도 굴하지 않고 결국 자신의 주장을 관철시켰다.

　박근혜 대통령이 이런 김종인 박사를 경제 정책 책임자로 들일 줄은 꿈에도 생각하지 못했다. 이전까지 박근혜 대통령은 '줄.푸.세(세금 줄이고, 규제 풀고, 법 질서 세우는)'를 주장하며 전형적인 신자유주의 노선을 취했었다. 그러나 대통령 선거 공약으로 복지 국가, 경제 민주화를 들고 나오며 김종인 박사까지 합세한 것이다. 이 사실은 내게 신선한 충격인 동시에 엄청난 반전이었다. 실제로 김종인 박사가 새누리당 비상대책위원장으로 있는 동안 만든 공약들 중에는 대기업 독식 규제와 양극화 문제 해결 등 사람들이 박근혜 후보를 다시 보게 만든 내용이 다수 포함되어 있다.

　일이 진행되는 것을 보며 나는 '이제 재벌 위주 경제 운영의 틀을 바꿀 수 있지 않을까?' 하는 기대를 품게 되었다. 더욱이 김종인 박사는 노태우 정권 때도 재벌들과 전면전을 벌였던 사람이었다. 김종인 박사에게 힘을 실어 주고 있는 한 나도 당을 돕는 것이 현실적인 대안이라는 생각이 들었다. 박근혜라는 보수의 계승자가 경제 민주화를 외치면 우리가 직면하고 있는 사회적 갈등의 폭도 크게 줄어들고, 여러모로 의미 있는 진전을 이룰 수 있을 것 같았다.

그러나 공천 과정에서부터 나와 많은 사람들의 기대는 무너지기 시작했다. 선거에서 약속했던 진정한 경제 민주화를 실천하기 위해서는 경제 민주화 전문가들이 당내 국회의원으로 들어와야 했다. 김종인 박사 하나로는 현실적인 벽이 너무 높았다. 그를 도와 손과 발이 되어줄, 개혁파 국회의원이 필요했다. 더욱이 공약을 만드는 과정에서 끊임없이 터져 나왔던 당내 불협화음을 떠올리면 그와 함께할 국회의원들은 필수 불가결한 조건이었다. 그러나 공천에서 이러한 의사는 전혀 반영되지 않았다. 결과적으로 이전과 같은, 아니 오히려 더 수구적 경제관을 가진 의원들이 국회에 입성했다.

지금 대통령이 공약했던 경제 민주화는 어떻게 진행되고 있는가? 경제 민주화와 창조경제는 어떤 연관성을 지니고 있는가?

경제를 위해 뛰는 이들은 기업과 국민이지만, 이들이 뛸 수 있는 판을 만들고, 틀을 제시하는 것은 정치와 정부의 역할이다. 그래서 경제가 잘 돌아가기 위해서는 정치의 역할이 중요하다. 그런데 우리 정치는 이런 역할을 하기는커녕, 오히려 기업과 국민의 발목을 잡고 있다.

국민과 기업 그 누구도 만족하지 못한 채, 힘들다고 아우성치지만 정부는 아무런 대책도 내놓지 못한다. 주관자 입장에서 공존의 틀과 전략을 제시하고, 때로는 경제 주체들을 설득하거나 이해관계를 조정하는 역할을 해야 하는 정치가 제 역할을 하지 못하는 작금의 현실이 더욱 아쉬운 이유이다.

# 달콤한
# 거짓말

지난 18대 대선에서는 복지 공약이 난립했다. 모든 후보가
복지를 외쳤다. 무엇을 해줄지에 대한 이야기는 넘쳐났지만,
필요한 재원을 어떻게 마련할 것인가에 대한 언급은 빈곤했다.
이는 여야를 막론하고 똑같았다.

박근혜 후보는 '증세 없는 복지'를 약속했다. 재원 조달을
위해 지하 경제 양성화, 정부 재정의 낭비 요인 점검 및 효율화,
경제 성장 촉진과 같은 답을 내 놓았다. 그러나 이를 믿는 이들
은 많지 않았다. 문재인 후보는 '부자 감세 철회'를 통한 복지
를 주장했다. 그러나 이 역시 그들이 주장하는 복지를 실행하
기에는 턱없이 부족했다

두 후보가 약속한 복지 공약을 실천하기 위해 추가로 걷어

야 하는 세금은 보수적으로 보아도 박근혜 후보 135조, 문재인 후보 200조에 달하는 금액이었다. 결국 복지 공약은 국민을 상대로 한 거짓말이었다.

문재인 후보가 말한 복지 국가를 실현하기 위해서는 결국 국민 전체의 증세가 필요했다. 그러나 서민층을 지지 기반으로 하고 있는 민주당은 그 말을 숨긴 채, 비겁하게 부자들에게만 돌을 던졌다. 증세 없는 복지를 하겠다는 박근혜 후보의 주장도 말이 안되기는 마찬가였다.

정치인들이 쉽게 '증세'를 입에 올리지 못하는 것은, 그동안 증세를 거론한 많은 정치 주체들이 곤경에 빠졌기 때문이다. 가까운 우리 역사만 보더라도 박정희 정권에서 부가가치세 인상에 대한 반발로 시작된 조세 저항이 유신 체제 저항으로 확대되는 상황을 맞이한 적이 있었다. 일본에서도 소비세를 건드릴 때마다 집권당이 바뀌는 상황을 맞이하곤 했다. 그만큼 세금을 올리는 것은 쉽지 않은 문제였다. 정책 추진을 위해서는 꼭 필요하지만 정권에 악영향을 끼칠 수 있는, 양날의 검과 같았다.

그렇기에 세금은 두 후보에게 매우 조심스러운 문제였다. 점점 커져가는 복지에 대한 국민적 요구와 재정 건전성을 유지하기 위해서는 증세가 불가피하다. 그러나 표심을 잃지 않기 위해서는 이런 속내를 겉으로 드러내서는 안 된다. 이런 딜레마 속에서 우리 대통령 후보들은 비겁한 거짓말을 선택했다. 누가 대통령이 되어도 거짓말쟁이가 되는 상황이었고, 박근혜 후보가 대통령이 되었다.

박근혜 대통령은 복지 공약을 지키기 위해 어떻게든 재정 문제를 해결해야 했다. 그렇게 현실적 대안을 찾은 것이 바로 2013년 상반기에 거론되었던 세제 개편안 이었다. 세제 개편안의 핵심은 근로 소득세를 내는 직장인들의 소득 공제를 줄여서 세수를 높이고자 하는 것이었다. 이미 많은 언론에서 다루어 잘 알려져 있지만, 다시 한 번 이를 짚고 갈 필요가 있다.

연봉 3,000만 원을 받는 김아무개 씨는 작년까지 자신의 연봉 3,000만 원 중 1,500만 원에 해당하는 금액을 소득 공제받을 수 있었다. 그런데 세법 개편안이 시행되면 공제 한도가 줄어 1,000만 원에 대해서만 소득 공제를 받게 된다. 대놓고 세율을 올리지는 않지만 결과적으로 정부의 세수는 늘어나는 셈이었다. 정책이 발표되자 곧바로 월급쟁이들의 불만이 터져 나왔다.

## 세제 개편, 중산층의 불만… 무엇이 그들을 분노케 하나

40대 초반의 안임준 씨는 영국에서 5년간 유학한 박사급 연구원이다. 월 150만 원 시간 강사를 하다, 4년 전 어렵게 직장을 잡았다. 올해 연봉은 6,000만 원 수준이지만 하루하루가 빠듯하긴 마찬가지다.

정부의 설명에 따르면 안 씨와 같은 연소득 5,500만 원에서 7,000만 원 사이의 중산층은 세 부담이 거의 늘지 않아야 한다. 현오석 경제 부총리는 "의료비나 교육비 등 지출 부담이 크다는 점을 감안해 세 부담 증가분을 연간 2만~3만 원 수준으로 대폭 경감했다."고 새로운 세재 개편안을 설명했다. 그러나 시뮬레이션 결과, 462만 원에서 476만 원으로 세금이 14만 원 증가했다.

올해로 직장 경력 18년 차인 함성원 씨는 대기업 부장이다. 현재 그는 국민연금을 포함해 매월 150만 원 정도를 세금으로 내고 있다. 세제 개편안에 따르면 함 씨는 고소득자에 해당돼 86만 원의 세금을 더 부담해야 한다.

여론에 떠밀려 수정된 세제 개편안을 내 놨지만 여기에 수긍하는 이는 많지 않다. 이유는 중산층 가정에서 지출이 큰 교육비, 보험료 등 12개 항목의 공제 규모가 대폭 줄었기 때문이다. 결국 지출이 많은 사람들이 세금을 더 내야 하는 구조인데 이는 대다수의 국민이 생각하는 고소득자에게 보다 많은 세금을 많이 물리는 구조와는 다른 접근이다.

(JTBC 뉴스, 2013. 8. 18 발췌)

샐러리맨들의 분노에 정부가 '중산층의 세 부담은 사실상 거의 늘지 않을 뿐 아니라, 증가분은 몇 만원에 수준에 그칠 것'이라고 대처하면서 파장은 걷잡을 수 없이 커졌다. 국민의 분노가 어디에 있는지 명확한데도 그들은 여전히 자신들의 이야기를 하기에 바빴다. 애초에 접근 자체가 잘못된 정책이었다. 중요한 것은 세금을 몇만 원 더 내느냐가 아니었다. "왜 또 우리인가?"가에 대한 문제였다. 정의와 관련된 국민적 물음이었다. 이명박 정부는 28%였던 법인세를 22%까지 끌어내렸다. 고소득자들의 탈세, 탈루는 여전했다. 유리처럼 투명하게 노출되는 직장인의 세금은 한 치의 빈틈없이 또박또박 떼어 갔다. 저항의 핵심은 조세 형평성이었다. 그러나 정부는 알지 못했다. 심지어 청와대 경제 수석은 "마치 거위에게서 고통 없이 털을 뽑는 방식으로 해 보려고 한 게 이번 세법 개정안의 정신"이라는 발언으로 국민들의 비난을 샀다.

대통령이 임기 초 심혈을 기울여 지시하고 대한민국 최고의 공무원들이라 자부하는 기획재정부 직원들이 몇 달에 걸쳐 마련한 조세 정책은 결국 단 4일 만에 철회되는 운명을 맞았다. 이유는 단 하나, 국민의 마음이 담기지 않은 정책이었기 때문이다.

국회 역시 이 현실 앞에서 매우 부끄러운 모습을 보였다. 정부와 한 목소리를 내며 아무런 역할도 하지 못하는 여당의 모습은 이번 일에서도 반복되었다. 민주당 역시 자신들이 주장하는 복지 국가를 실현하기 위해서는 증세가 불가피함을 그 누구보다도 잘 알고 있음에도, 비판여론에 올라타 '세금 폭탄'이라고 국민을 선동했다. 야당이 '정부의 고민도 이해할 수 있지만, 현실적으로는 가진 사람들, 많이 벌고 있는 곳부터 증세를 시행하고, 그 다음에 더 나은 사회를 위해 국민 모두가 골고루 부담해야만 한다.'는 보편적 증세론에 대한 필요성을 제기하는 모습이었으면 어땠을까. 그것이 책임 있는 야당의 자세라고 본다. 그러나 그들의 모습은 그저 반대를 위한 반대에 불과했다.

세금 논쟁의 결과는 허무하기만 하다. 새로운 복지를 실현하기 위한 재원을 어떻게 마련할 것인가에 대한 사회적 합의를 모을 수 있는 좋은 기회를 헛되이 날려 버린 것이다. 직장인의 증세를 먼저 건드리면서, 그것도 세율이 아닌 소득공제를 건드리는 책략으로 예산을 확보하려다 실패하고 말았다. 이로써 새로운 복지 실현은 더욱 어려워졌다. 이렇게 한바탕 소동을 치룬 상황에서 어떤 정치인이, 어떤 지식인이, 어떤 언론인이 다시 증세를 화두로 꺼낼 수 있겠는가?

이번 해프닝은 복지 논의의 깊이 자체가 천박해지는 결과를 가져왔다. 조세 구조 개편은 복지 국가를 위해 선결되어야 하는 필수 조건인데, 국민적 합의를 이루는 데에 실패했기 때문이다. 국민적 합의는커녕 정부에 대한 깊은 불신과 분노만 안겨 주었다.

정치인이라면 국가의 미래를 위해 소신 있게 이야기하고, 국민을 설득할 수 있어야 한다. 불편한 진실 뒤편에 숨어 상대 탓만 하는 지금의 상황을 상식적인 정치의 모습이라 볼 수 있을까? 이는 그저 대중의 인기를 잃고 싶지 않아 눈 가리고 아웅 하는 정치 포퓰리즘일 뿐이다.

나는 이번 일을 통해 "증세는 없다"는 대통령의 말 한마디에 국회에서 논의조차 거치지 않고 정책을 실행하는 우리 정치 구조의 취약함을 다시 한 번 절실히 느꼈다. 정치가 정상적으로 작동하는 사회라면 이런 순간에 바로 정치의 힘이 가동되어야 한다. 복지처럼 보편적으로 꼭 필요한 사안은 여야 합의를 이뤄 정부가 일할 수 있도록 도와야 한다.

이번 논의를 파국으로 끌고 간 것은 결국 정치권이었다. 오히려 다수의 국민은 준비가 되어 있었다. 보편적 복지를 실현하기 위해 가진 사람들부터 순차적으로, 납득이 될 만큼의 비율이라면 기꺼이 수입만큼의 세금을 더 내겠다는 공감대가 분명히 있었다. 이러한 국민의 에너지를 모으고 설득하는 것은 정치권의 몫이었다.

국민의 바람은 승복할 수 있는 공정한 사회였을 것이다. "왜 나부터 세금을 내야 하는가?"가 아닌 "왜 세금을 내야만 하는가?"라는 질문에 상식적이고 합리적인 답을 낼 수 있어야 했다.

세금은 과실(過失)이 있는 곳으로부터, 돈벌이가 있는 곳으로부터 먼저 거둬야 한다. 금융 소득에 대한 증세, 법인세 증세가 선행되어야 한다. 현금이 몇 십조씩 유보되어 있는 대기업과 고소득자가 우선 대상이 되어야 하고, 그 다음으로 보편적인 세금을 올려야 한다. 물론 이때 어떤 형태로 보편적 증세를 시행할 지에 대해서는 전문가의 토론과 국민적 합의 과정을 거쳐야 한다.

　건강보험이나 국민연금만 보더라도 우리나라의 복지 재정은 턱없이 부족하다는 것을 알 수 있다. 재원 확충은 무조건 필요한 상황이며, 이를 위해 증세는 불가피하다. 많은 전문가들도 우리의 현실적인 목표인 '중부담, 중복지'를 실현하기 위해서는 앞으로 약 15년간 매년 0.5~1% 씩 증세를 해야 한다고 말한다. '저부담, 고복지'란 환상일 뿐, 현실에서는 불가능하다.

　증세야말로 이념을 넘어 정치권의 합의가 필요한 사항이다. 국민의 70% 이상이 납득하고 동의할 수 있는 그런 정당성을 갖추어야 한다. 이렇게 새로운 대한민국, 복지 국가의 기틀을 만들고 국민의 합의를 이끌 가장 중요한 열쇠는 정치권이 쥐고 있다.

# 진짜로
# 준비되어 있습니까?

　국회의원 시절, 내 지역구인 양천구에는 약 800가구의 탈북자가 살고 있었다. 그들은 국가로부터 임대 주택과 기초 생활 보장금을 지원받았다. 이들 중 다수는 한국 사회에 적응하기 위해 정말 열심히 살고 있었지만, 일부는 한국 사회에 적응하지 못해 어려움을 겪었다.

　가장 큰 문제는 그들이 한국 사회에서 쓸 수 있는 기술을 가지고 있지 않다는 점이었다. 우리 사회에서 탈북자들이 할 수 있는 일은 거의 단순 노동직으로 제한된다. 그런데 생존을 위한 노동 환경에 던져진 그들은 당황할 수밖에 없다. 배급을 받기 위한 공산주의식 노동에 익숙해 있던 그들에게 강도 높은 한국 사회의 노동은 매우 고통스럽다. 게다가 그렇게 번 100만

원 남짓의 월급으로 생활하기에 높은 물가와 자본주의의 벽은 아득하다. 그래서인지 탈북자 중에는 기초 생활 보장금과 교회 및 기타 탈북자 지원 단체에서 지원하는 물품으로 하루하루를 살아가는 적응 실패자들도 적지 않다.

하루는 양천 경찰서에서 큰 소동이 벌어졌다. 한국의 기초 생활 수급자 중 일부가 탈북자들과 패싸움을 벌인 것이다. 사연은 이랬다.

"죽어라 일해도 살기 팍팍한 세상이잖아요. 그런데 저 놈들은 북한에서 넘어왔다는 이유만으로 나라에서 아파트에 국가 보조금까지 지원받고 있어요. 안 그래도 화가 나던 차에 아침부터 하는 일도 없이 편의점 앞에 앉아 술이나 마시면서 시끄럽게 떠드는 모습을 보니, 울컥 하는 마음을 도저히 참을 수 없었습니다. 그런데 우리한테 얻어터진 탈북자 놈들이 글쎄 칼을 들고 돌아다니는 겁니다. 저희를 찾아 보복하겠다고요. 결국 더 큰 싸움이 나고 말았죠."

문득 머릿속이 아찔해졌다. 마치 통일 후의 예고편을 보는 듯했다. 많은 정치인들이 통일의 장밋빛 미래를 이야기하지만 정작 우리를 기다리는 것은 앞의 사례와 같은 갈등과 분열의 사회가 아닐까?

당장 통일이 된다면 2,500만 명의 북한 주민 중 기초 수급 대상자가 아닌 사람은 몇이나 될까? 그들이 과연 한국 사회에서 할 수 있는 일은 무엇일까? 지금 이 순간도 좁은 땅덩어리 안에서 사회적, 계층적 갈등이 폭발 직전에 있는데 그들까지 합류한 한국 사회의 갈등은 상상조차 어려웠다.

끝도 없는 물음이 꼬리를 물었다. 그리고 결국 그 끝에 떠올린 질문은 바로 '우리는 진정으로 통일을 준비하고 있는가?'였다.

최근 그동안 알고 지냈던 탈북자 가정으로부터 기쁜 소식을 들었다. 처음 남한에 왔을 때 중학생이었던 그 가정의 아이가 사회복지학과에 입학했다는 소식이었다.

"평생 허리 때문에 고생을 하셨던 아버지가 남한의 의료보험 혜택으로 완쾌하셨습니다. 빈손으로 북한을 탈출한 우리 가정은 남한 정부의 지원과 여러 사회 복지 단체들의 관심으로 잘 살게 되었습니다. 사회복지사가 되어 남한 사회로부터 받은 빚을 갚고 싶습니다."

아이의 말은 내 마음을 무겁게 했다. '내가 이들을 위해 무엇을 했는가? 내가 가지고 있던 국회의원의 힘을 얼마나 사용했는가?'에 대한 자책 때문이었다. .

정책적으로 통일의 기틀을 마련하는 것만이 통일에 대한 준비가 아니다. 탈북자 아이들을 위한 대안 학교를 만들고, 탈북자들이 우리 사회에 적응할 수 있도록 평생에 걸친 재교육 프로그램을 운영하는 것처럼 작지만 현실적인 준비가 필요하다. 이런 작은 경험이 쌓여 통일 준비 매뉴얼이 만들어지면 이를 바탕으로 현실적인 통일을 이루어야 한다.

## 독일 통일 이야기

통일을 위한 준비를 이야기하면서 가장 많이 거론되는 국가가 독일이다. 나 역시 유럽에서 일 년의 시간을 보내면서 독일 통일에 많은 관심을 가지고 여러 사람을 만나 이야기를 나누었다. 그런데 사람들을 만날수록, 그들의 통일 이야기를 들을수록 우리의 문제점들이 더욱 크게 보였다.

독일은 통일 전과 후에 혹독한 국가 위기를 겪었다. 그런데 우리가 처한 현실과 미래는 그들이 걸어온 길보다도 훨씬 더 험난해 보였다. 이런 사실이 나의 마음을 더욱 무겁게 했다. 내가 느꼈던 그들과 우리의 비슷하지만 달랐던 모습들을 이야기해 보고자 한다.

독일과 대한민국의 가장 큰 차이점은 전쟁이다. 우리와 달리 동독과 서독 간에는 전쟁의 경험이 없었다. 2차 세계대전 이후 패망국이 된 독일을 분단시킨 것은 미군과 소련군이었다. 때문에 그들에게는 우리가 갖고 있는 전쟁에 대한 기억, 생사를 걸고 싸웠던 동족상잔(同族相殘)의 비극, 피를 바탕으로 한 상대에 대한 적대감이 없었다. 우리에게는, 특히 한국전쟁을 경험한 세대들에게는 전쟁으로부터 기인한 상대에 대한 적대감이 아직도 그대로 남아 있다.

또 다른 차이는 통일에 대한 인식이다. 북한 권력은 흡수통일이 곧 자신들의 죽음이라는 강한 거부감과 반항감을 가지고 있다. 반면 독일은 이러한 거부감이 강하지 않았다. 독일의 통일은 동독 국민의 강력한 요청에 의해 동독 정부가 서독에 사실상 백기 투항하면서 이루어졌다. 동독의 지도부는 현재의 북한 지도층만큼 자신들의 생사에 대한 공포가 크지 않았다.

실제로 당시 동독의 지도부 중 누구도 사형과 같은 중벌을 받지 않았으며, 최고 지도자였던 호네커는 망명했다가 객지에서 병사했다. 동독의 국민을 감시하고, 첩보와 방첩을 담당했던 국가 보안부의 핵심 인물 중 4명만이 최대 징역 2년 6개

월을 선고받았으나 이들 역시 집행유예로 풀려났다. 그 외에는 누구도 처벌받지 않았다.

우리라면 어떤 일이 벌어질까? 우리는 과연 지난 전쟁의 기억을 평화롭게 치유할 수 있을까? 또 북의 정권과 권력들을 어떻게 해석하고 처리해야 할까? 등의 질문이 꼬리를 물었다.

세 번째, 그들과 우리에게는 교류라는 차이가 있다. 그들은 통일 전부터 과학 기술, 문화 등의 교류는 물론이거니와 정보에 있어서도 사실상 완전 개방에 가까운 상태에 놓여 있었다. 텔레비전, 라디오, 잡지 등의 매체들을 통해 서독의 소식이 동독으로 전해졌고, 서독의 좌파 정당인 사회민주당이 정권을 잡았을 때는 친인척의 대대적인 교류 정책과 경제적 지원 정책이 시행되었다. 이는 정권이 독일의 우파 정당인 기독교민주당으로 바뀐 후에도 '동방정책'이라는 이름으로 유지되었다. 이렇게 사람들이 오가고, 경제적 지원이 계속되고, 정보가 흘러들어가는 상황에서도 독일이 통일을 맞기까지는 꽤 오랜 시간이 걸렸다. 그런 면에서 우리의 통일은 아득히 멀게 느껴진다.

네 번째 차이는 두 국가를 바라보는 국제적인 시각차다. 사실 냉전 시대의 독일은 미국과 소련, 자본주의와 공산주의의 분할선이자 유럽의 분할 경계선이었다. 이들은 2차 세계 대전의 전범이었다. 패전국이자 전범국이었던 독일에게 통일은 감히 입 밖으로 꺼낼 수도 없는 화두였다. 그러나 그들에게 소련과 동구권의 몰락이라는 기회가 찾아 왔고, 그들은 이 기회를 놓치지 않았다. 당시 수상이었던 헬무트 콜은 낮은 외교 자세를 유지하며 당시 독일에 영향을 미치고 있었던 소련, 영국, 프랑스, 미국 등을 설득했다. 소련의 고르바초프를 설득하는 한편, 이들의 통일을 결사 반대하는 영국과 프랑스를 만나 2차 세계 대전 전범국으로서 자신들의 책임 있는 자세를 피력하였다. 또 미국과도 접촉하여 유럽에서 미국의 역할을 인정하면서 독일 통일의 당위성을 설득했다. 독일은 이렇게 한발 한발 국제적 동의를 얻어가며 통일의 문을 열었다.

남과 북 역시 당시의 독일 못지않게 복잡한 국제 관계 아래 놓여 있다. 미국과 중국, 일본과 러시아는 우리의 통일을 어떻게 생각할까? 그들이 생각하는 이해관계는 어떤 것일까? 우리는 이들을 설득하기 위해 어떤 노력을 하고 있는가? 모든 물음에 대한 답은 준비되지 않았다.

마지막 차이점은 경제력이다. 1989년, 독일 통일 당시 서독의 GDP는 동독에 비해 약 4배 정도 높았다. 통일이 되면서 엄청난 양의 돈이 서독에서 동독으로 흘러들어갔다. 그중 제일 큰 비중으로 사용된 것이 바로 동독 국민의 복지 수준을 서독 수준으로 끌어올리기 위한 돈이었다. 뿐만 아니라 낙후된 동독의 산업, 사회적 인프라에 대한 예산 확대와 투자가 통일 이후 20년 가까이 지속되었다. 그러나 이 모든 노력의 결과는 처참했다. 1990년대에 세계적으로 IT 열풍이 일었을 때에도 통일 독일은 경제난에 시름했다. 통일 비용으로 인한 막대한 재정 적자가 그 이유였다. 1990년대, 세계에서는 독일을 가리켜 '유럽의 병자'라 불렀다.

그런 독일이 최근 '제2의 라인 강의 기적'을 만들고 있다. EU 통합으로 인한 외부 효과도 한 몫을 했지만, 근본적인 힘은 통일 과정에서 있었던 동독에 대한 사회, 경제적인 투자에 있었다. 이것은 국가가 주도하는 강제 저축과 같은 효과를 내며 단단한 국력으로 보답했다.

독일은 통일 후에도 20년 가까이 막대한 사회적 비용을 치르며 어려운 시기를 이겨냈다. 모든 것이 상상한 것 이상이었다. 서독 국민은 막대한 재정 부담을 떠안았으며 동독 주민은 상대적 무력감과 정체성 혼란, 자본주의의 하층민으로 전락한 자신들의 경제적, 정서적 빈곤감 등을 견뎌내야 했다.

우리는 과연 통일 후 과연 이러한 고통을 분담할 준비가 되어 있는가? 통일 이후 하나가 될 북한 주민들에 대한 경제적 지원에 대한 준비는 말할 것도 없고, 그들과 겪어야 할 사회적 갈등에 대해서 얼마나 진지하게 고민했는지를 생각해 볼 때 우리의 현실은 매우 암담하다.

## 어디서부터 시작할 것인가?

현재 개성공단에서 일하고 있는 북한 주민들의 월급은 140달러 수준이다. 처음 55달러에서 시작한 것을 생각하면 두 배 이상 오른 셈이다. 북한 주민들 사이에서는 개성공단 출퇴근 근로자들이 부러움의 대상이라고 한다. 그러나 우리 기업인들 입장에서 보면 여전히 매력적인 임금 수준이다.

문득 2000년 초 중국 심천에서의 기억이 떠올랐다. 삼성전자 공장을 방문했는데 공장에서 일하고 있던 앳된 소녀들은 하나같이 환한 얼굴이었다. 공장 관계자는 "이 공장의 노동자들은 모두 심천 지역 고등학교에서 우등생으로 졸업한 학생들이다. 주변의 많은 학생들이 이들을 부러워하고, 삼성 공장에서 일하고 싶어 한다."고 이야기했다. 그때 보았던 소녀들의 얼굴이 개성공단 노동자들과 오버랩 되었다.

개성공단에서 일하는 노동자들에게 남한의 상황을 알려주는 이는 없다고 한다. 구지 말해 주지 않아도 온몸으로 남한의 현실을 체득하고 있기 때문이다. 개성공단 근로자들에게는 점심시간에 고깃국이 제공되는데 한 달 정도 먹으면 얼굴색이 뽀얗게 된다. 북한에서는 쉽게 볼 수 없는 낯빛을 만들어 주는 이 음식을 '마법의 국물'이라 부른다는 웃지 못할 이야기가 있다. 간식으로 주어지는 초코파이를 집으로 가져가 주변인들에게 선물하면서 북한 서민층 사이에서 초코파이가 인기 있는 간식거리가 되었다는 이야기도 잘 알려져 있다.

개성공단 내에는 의무실이 하나 있는데 초기에 꾀병 환자들 때문에 곤란을 겪었다고 한다. 의무실에서 제공하는 항생제나 연고, 간장약 등이 북한 내에서는 구경하기조차 힘든 좋은 약이라, 약을 타기 위해 오는 가짜 환자들이 속출했다는 것이다.

## 북한 봉쇄의 한계

우리 사회에서는 북한 지원을 놓고 여전히 시시비비(是是非

非)에 대한 논의가 끊이지 않는다. 물론 현금 지원에는 신중성을 기해야 한다. 권력층으로 흘러들어간 돈이 어떻게 쓰이는지 제대로 밝혀진 적이 없기 때문이다. 핵무기 개발비로 사용되었다거나 통치 자금으로 흘러갔다는 의혹에 대해서도 사실 여부를 확인할 길이 없다. 그저 사실에 가까운 심증만 있을 뿐이다.

이와 달리 앞서 본 것처럼 의약품이나, 식품같이 주민들에게 직접 지원하는 부분은 통일을 위한 초석(礎石)이라 생각할 필요가 있다. 독일의 예에서도 알 수 있듯 통일을 위해서는 북한 주민들의 인식 변화가 기반되어야 하다. 그러므로 통일 기금 조성 차원에서 이런 지원을 확대할 필요가 있다.

북한을 봉쇄해서 북한이 내부적으로 붕괴하게 만들 수 있다는 일부의 주장은 현실적으로 거의 불가능하다. 실제로 소련이 붕괴하면서 북한은 위기에 처했었다. 기업으로 치면 주요 거래처가 부도를 맞은 중소기업과 같은 상황에 내몰린 것이다. 그러나 북한은 살아남았다. 북한 주민 200만 명이 굶어 쓰러진 '고난의 행군' 기간 중에도, 김일성의 죽음 뒤에도 그들은 생존했다. 일부에서는 김대중, 노무현 정권 때의 햇볕 정책 덕에 그들이 살아남은 것이라고 주장하지만, 매우 극단적인 소설에 불과하다. 그들의 생존 뒤에는 중국이 버티고 있었다. 김대중, 노무현 정권 때의 햇볕 정책에 100% 동의하지는 않지만 만약 남한 정부의 지원조차 없었다면 벼랑 끝에 몰린 북한이 중국에 대한 의존도를 지금보다 훨씬 높였을 것이라는 가정도 생각해 보지 않을 수 없다.

우리의 경제적 봉쇄가 강해지면 강해질수록 그들은 중국과 더 가까워질 것이다. 일종의 풍선효과이다. 결국 그렇게 되면 북한이 중국의 많은 성(省) 중 하나처럼 변모될 수도 있다. 중국은 미국과의 관계 때문에라도 북한을 절대 포기할 수 없다. 중국에게 북한을 포함한 한반도는 자신들의 생존선과 같은 의미이다. 생존선을 스스로 포기하는 것은 현실적으로 불가능하다.

이런 이유로 나는 개성공단과 같은 지원을 지속적으로 확대해야 한다고 생각한다. 현재 약 100만 평 정도인 개성공단을 1000만 평으로 넓히고, 이러한 경제 특구를 10개 이상으로 늘려도 좋다. 금강산 관광과 같이 고스란히 현금만 들어가고 주민들의 인식을 변화시킬 기회가 적은 모델보다는 지속적으로 주민들의 인식을 변화시킬 수 있는 기회를 찾아야 한다. 현재 북한이 개발 중인 마식령 스키장이나 백두산 관광 지구, 묘향산 지구 같은 것들도 어떻게 하면 우리가 통일을 앞당기는 데에 활용할 수 있을지 끊임없이 연구해야 한다.

그들을 변화시키는 일은 결코 쉽지 않을 것이다. 이를 위해서는 우리가 먼저 변해야 한다. 그런 측면에서 역대 정부의 대북 정책은 아쉬움이 많이 남는다. 정부가 바뀔 때마다 북한을 대하는 자세와 정책은 춤을 추고, 정치는 이를 정쟁의 도구로 활용하기 바빴다. 최근 노무현 대통령의 대화록과 관련된 논란만 봐도 그렇다. 대통령이 스스로를 '저'라고 칭했는지, '나'라고 칭했는지를 가지고 여야가 대치하는 사태에 이르렀고, 이러한 과정에서 남북 정상의 대화록이 그대로 공개되어 버렸다. 이렇게 정파적이며 소모적인 논쟁이 진정으로 민족과 통일에 필요한 일이었는지는 생각해 볼 필요가 있다.

최근 통일부와 외교부, 그리고 군의 관계 역시 아쉬운 면이 많다. 군과 통일부와 외교부는 각기 명확한 존재의 이유가 있다. 군은 전시를 위해 존재하지만 통일부는 전쟁이 나더라도 북한과 외교적 합의를 하기 위해 존재한다. 외교부는 중국, 일본, 미국과 같은 우리를 둘러싼 강대국들과의 관계에서 유리한 입장을 점하기 위해 존재한다. 그런데 현재는 군이 모든 것을 주도하는 모습이다. 통일을 위해서라도 이 셋은 힘의 균형을 이루어야 한다.

지금과 같이 남북 관계를 대결 일변도로 모는 것은 근본적인 해결책이 될 수 없다. 남북 간의 문제 속에는 세계 각국의 이익이 복잡하게 얽혀 있다. 특히 중국은 조금이라도 북한에 대한 지분을 높이기 위해 끊임없이 노력하고 있다. 이런 관점에서 본다면 우리와 중국은 북한이라는 국가를 두고 지분 전쟁을 벌이는 중이라고 볼 수도 있다. 그런데 우리는 북한을 식민지 정복하듯 다루려는 경향이 있다. 이 상태로는 결코 해답을 찾을 수 없다. 우리는 그들을 정복의 대상이 아닌 통합의 대상으로 대하며 설득해야 한다.

통일에 대한 논의는 아직까지 초보적인 수준에 머물러 있다. 이제 그 논의를 발전시켜야 할 때다. 언제까지 비용만을 운운하며 미룰 것인가? 언제까지 우리의 소원은 통일이라는 민족적인 논리로만 바라볼 것인가?

통일에 대한 새로운 인식과 접근 방법이 필요하다. 그래야만 우리가 생각하는 현실적인 통일에 한걸음 다가갈 수 있다.

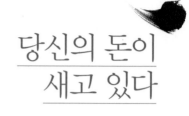

# 당신의 돈이
# 새고 있다

연말이면 어김없이 반복되는 뉴스가 있다. 2013년도 예외
는 아니었다.

### 11년째 법정 시한 넘긴 예산안… 대한민국 '올스톱 위기'

내년도 예산안 심사가 여야 간 정쟁으로 올해도 헌법이 정
한 처리 기한(12월 2일)을 넘기게 됐다. 2003년 이후 11년 연
속으로 국회가 위헌을 하게 된 것이다. 정쟁을 빌미로 나라살
림을 팽개치고 있다는 비판이 비등하다.

더군다나 정기 국회가 개회된 지 석 달이 지났고 폐회(10
일)가 열흘도 남지 않았지만 1일 현재 정치권은 단 한 건의
법안도 통과시키지 못했다. 현오석 부총리 겸 기획재정부 장

관이 "정치권이 모든 것을 빨아들여 국가를 올스톱시키고 있다"고 비판한 이유다. 민주당은 국회 일정 보이콧(의사 일정 중단)을 지속하겠다는 방침이어서 '식물국회 불임국회' 상황이 이어질 전망이다.

(한국경제, 2013. 12. 2 발췌)

왜 연말이면 이런 일들이 끊임없이 반복되는 것일까? 아주 단순하게 설명한다면 예산안에 대한 여야의 입장 차이, 다른 정쟁 화두를 협상하는 과정에서의 대치 국면이 그 이유다. 중앙일보에 소개된 당 대표와 원내 대표의 대화 내용은 이런 상황을 잘 보여준다.

**"누가 죽나 한 번 봅시다!" 고성으로 끝난 여야 4자 회담**

▶ 김한길 민주당 대표 = "그렇게 자기들 주장만 하면서 예산안 얘기만 할 건가."

▶ 황우여 새누리당 대표 = "예산안은 국민 모두를 위한 겁니다."

▶ 김 대표 = "(테이블을 '쾅쾅' 치면서) 답답해, 답답해! (여당이 청와대를 상대로) 아무것도 못 하니까⋯. 나 김한길이

관둬도 좋다 이거야. 누가 죽나 한번 봅시다!"

2일 오후 3시30분, 국회 본관 귀빈식당에서 난 고성이 복도까지 울려 퍼졌다. 식당 안에는 새누리당 황우여 대표와 최경환 원내대표, 민주당 김한길 대표와 전병헌 원내대표 등 4명이 배석자 없이 앉아 있었다. 이날 오전 황 대표의 제안으로 긴급히 마련된 여야 4자 회담 테이블이었다. 그러나 분위기는 냉랭했다. 김 대표의 목소리가 바깥으로 새어나오기 직전까지 황 대표는 이날로 11년째 법정 시한을 넘긴 내년도 예산안 처리를 하루빨리 마무리 지어야한다고 계속 강조했다고 한다. 이에 김 대표가 버럭 짜증을 낸 것이다.

김 대표는 당내 강경파들의 위임장을 받아들고 회담 테이블에 나온 것이나 마찬가지였다. 새누리당이 황찬현 감사원장 후보자 임명 동의안을 단독 처리한 이후 열린 의원 총회에서 김 대표는 당내 강경파와 협상파가 충돌하자 "내 직을 걸고 투쟁을 이끌겠다"면서 강경파의 손을 들어 줬다. 김 대표가 '대표직 사퇴' 카드까지 꺼내들자 당내 강경파도 향후 대여 투쟁 방법이나 협상 문제는 김 대표에게 일임한 상태였다.

김 대표의 '누가 죽나 봅시다'라는 말이 끝나자마자 4자 회담장 밖으로 계속 큰소리가 흘러나왔다.

▶ 황 대표 = "아니, 그러니까 논의, 합의를 하자는 것 아닙니까. 예산에 대해서!"

▶ 전병헌 원내대표 = "아니 그러니까… (예산 말고도) 여러 문제를…."

이어 약 10여 분간 "그러니까 국회가 정상화돼야…" "어느 한 쪽이…" "누가 죽는지 끝까지 가 보자" 등의 말들이 들려 왔다. 회담장 밖에 취재 기자들이 몰려 있다는 보고가 안으로 들어간 뒤에서야 고성은 가라앉았다.

(중앙일보, 2013. 12. 3 발췌)

예산안에 관련해서는 국민이 모르는 많은 이야기가 있다. 국가 권력의 핵심 중 하나는 돈을 배분할 수 있는 힘이다. 정부의 일 년 예산은 약 356조다. 이것은 세금을 걷어서 한 해 동안 반드시 써야 하는 돈이 356조라는 의미이다. 이 356조는 어디에, 어떻게 쓰이는 것일까?

헌법 제 54조에 따르면, 국가 예산안의 편성권은 정부가, 심의 확정권은 국회가 갖는다. 즉 정부 각 부처가 필요한 돈을 기준으로 예산을 만들면 이를 국회가 판단해 확정한다는 이야기다. 국회 내에서 이 예산을 심의하고 확정하는 위원회가 바로 예산 결산 특별 위원회이다. 그리고 이 중에서도 막후 최종으로 숫자를 조정하는 소원회가 있는데, 이를 '계수 조정 소위원회'라 부른다. 계수 조정 소위원회는 여당과 야당 간사 및 수명의 위원으로 구성된다. 간단하게 설명해도 이들은 국가 예산에 상당한 영향력을 끼칠 수 있는 힘 있는 사람들이라는 것을 느낄 수 있다. 당연히 그 안으로 진입하기 위해서는 치열한 경쟁을 거쳐야 한다.

예산 심의 기간이 되면 그들에게 몇 십 권의 책이 전달된다. 여기에는 정부 각 부처에서 356조의 예산을 어떻게 사용할 것인지 정리한 내용이 들어 있다. 사업 항목, 단가, 필요한 인력, 구체적인 활동 내용 등이 아주 세세하게 기록된 이 문서가 바로 한 해 동안 국가가 돈을 어떻게 사용할 것인지 설명하는 예산서이다. 그리고 이를 심의해서 통과시키는 일이 예산안 통과이다.

예산안 작성과 조정, 통과의 전형적인 패턴은 이렇다. 기획재정부와 정부로부터 돈을 받아 써야 하는 부처들은 상반기까지 예산서 초안을 작성한다. 기획재정부에서는 이때 올라온 예산 중 많은 양을 잘라 버린다. 일차적으로 걸러 내는 것이다.

그 후 9월이 되면 재미있는 일이 일어난다. 관련 부처 공무원, 국가 공기업과 산하기관, 각 지방자치단체 예산 담당자, 도지사들이 문지방이 닳도록 국회를 들락거린다. 이유는 단 하나, 상반기에 기획재정부가 잘라 버렸던 그 돈들을 다시 살려 놓기 위해서이다. 그들은 예산안을 통과시킬 수 있는 힘을 가진 국회의원들에게 로비를 한다. 이 중요한 일에서는 의원 당사자뿐만 아니라 그들의 보좌진까지 모두 로비 대상이 된다.

결과는 어떨까? 예상한 대로이다. 기획재정부가 잘라 버렸던 내역들이 마법처럼 전부 되살아난다. 각 부처마다 적게는 몇 조, 많게는 몇 십조까지 배당된 예산들이 늘어난다. 그러나 기쁨도 잠시, 재정은 한정되어 있기에 12월 국회의 예산 통과 절차를 거치며 예산안은 기획재정부가 마련한 원안과 비슷한 수준으로 다시 조정된다.

여기까지는 누구나 어렴풋이 그릴 수 있는 일이었을 것이다. 그런데 국민들이 모르는 정치의 힘은 그 다음부터 발휘된다. 각 당의 당 대표, 원내 대표, 핵심 특위 위원장, 간사, 계수 조정 위원회 위원들의 입김이 원안 위에 반영되기 시작한다. 이유는 간단하다. 그들의 요구사항이 반영되지 않을 경우에는 무제한 시간 끌기 전쟁에 돌입할 가능성이 높아지기 때문이다. 그래서 그들의 '입막음용 예산'이 편성되는 것이다. 이때 등장하는 것이 쪽지 예산, 선심성 예산이다. 종종 뉴스에서 폭로되는 실세들의 쪽지를 볼 수 있는 장면이다. 이렇게 급조된 예산에 따라 특정 지역구의 도로가 2차선이 되기도 하고, 4차선이 되기도 하고, 도로 자체가 사라지기도 한다. 또 박근혜 정부의 새마을 사업이나 이명박 정부의 4대강 사업과 같은 대통령 관심에 따른 예산이 뜨거운 감자로 떠오르기도 한다.

여야가 대치하고, 11년째 시한을 넘겨 국회 파행이란 국민적 질타를 받으면서도 합의점을 찾지 못하는 이유가 여기에 있다. 바로, 권력을 현실화시킬 수 있는 돈의 배분이 최종으로 결정되는 시기이기 때문이다. 이런 와중에도 여야를 막론하고 앞서 이야기한 다양한 이해 관계가 얽힌 쪽지들이 오고간다.

내가 사무총장 자리에 있을 때의 웃지 못할 경험이 하나 있다. 2010년, 4대강 사업에 들어가는 예산이 예산안 확정에 중요한 걸림돌이 되고 있었다. 결국 국회의원들의 싸움은 몸싸움으로까지 번졌고, 새누리당은 야당을 빼돌린 채 따로 마련된 방에서 예산안을 단독 처리시켜 버렸다. 그런데 문제가 생겼다. 이 과정에서 챙겼어야 할 쪽지가 하나 빠진 것이다. 불교 조계종의 템플 스테이 지원 예산이었는데, 그 쪽지가 미처 반영되지 못하고 예산안이 통과되고 말았다. 당시 불교계는 이명박 정부가 불교를 홀대한다며 강하게 불만을 표출하고 있었다. 그런데 엎친 데 덮친 격으로 예산안이 통과되는 과정에서 그만 불교계의 오해를 살 만한 문제가 터진 것이다. 예상대로 불교계에서는 유감을 표명했고, 나는 경위를 해명하기 위해 밤낮으로 뛰어다녀야 했다.

자, 이제 예산안 심사 시기 때마다 반복되는 그들의 대치와 몸싸움의 이유가 더욱 선명해지지 않았는가? 그들이 왜 11년씩이나 법을 어기면서도 합의하지 못하는지, 국민과 언론의 온갖 지탄을 받아가면서도 싸움을 벌이는지 말이다. 법정 기한 내에 예산안을 처리하지 못하는 것도 커다란 문제이지만 그 이상으로 중요한 문제는 공정성이다. 개인 또는 지역구에 유리한 방향으로 국가의 예산을 끌어오기 위해 힘을 행사하면서 결국 국가 전체의 발전 비전은 희석되고 만다. 국회의원이 자기 지역구 예산을 챙기는 것이 흠은 아니다. 오히려 당연하다고 볼 수 있다. 그런데 우리 국회는 지역 대표성이 너무 강하다 보니 국가 전체의 시각에서 예산이 다뤄지지 못한 채 지역 간의 나눠 먹기식 예산 배분이 이뤄지고 있어 문제다. 또한, 대통령 공약 사업이기 때문에 여당은 무조건 사수하고, 야당은 무조건 배척하려는 것도 현 대통령제의 큰 폐단이다.

과거 벤처 거품, 녹색 성장, 국가 R&D사업, 학교 지원 사업과 같은 이름으로 반짝 나타났다가 사라져 버린 눈먼 예산들이 떠오른다. 이런 이야기를 꺼내는 나도 이 문제들로부터 자유롭지 않다. 대통령과 당 지도부에 잘 보여야 공천을 받고, 지역구 예산을 더 많이 따내야 표를 받아 당선될 수 있기 때문에, 잘못된 줄 알면서 쪽지를 건네고, 공정하지 못하다 생각하면서도 찬성 버튼을 눌러야 하는 아픔이 있다. 이것이 우리 국회의 부끄러운 현 주소이다.

# 특권과의
# 이별

3선 국회의원을 끝으로 야인(野人)이 되었다. 새로운 정치를 외치며 선택한 자발적인 길이었지만, 막상 의원 신분을 내려놓고 나니 야생의 처절함이 곳곳에서 물밀 듯 밀려왔다. 무엇보다 힘든 것은 의원 생활을 할 때 나를 돕던 보좌관들의 빈자리였다. 그동안 나의 부족한 부분을 채워 주었던 이들의 공백은 생각 이상으로 컸다.

한 명의 국회의원은 보좌관, 비서관, 비서, 인턴 등 최대 9명의 인원을 국가로부터 지원받을 수 있다. 여기에는 정책이나 민원 담당과 같이 의정 활동에 직접 연관이 있는 인원과 운전기사나 수행 비서 같이 개인적인 영역을 돕는 인원이 모두 포함된다. 이들의 인건비로 국가에서 지급하는 금액만 연간 약 3

억 7,000만 원에 달한다. 국회의원이 국민의 대표자로서, 입법 기관의 구성원으로서 전문적이며 책임감 있게 일할 수 있도록 배려하는 것이다.

국회를 떠난 후에야 의원으로서 누렸던 특권과 그 취지에 대해 다시 생각해 보게 된다. 그리고 지난 날 나의 행동과 태도를 반성하게 된다.

### 국회는 '특권 1번지'

"금배지를 달면 100가지가 달라진다."는 말이 있다. 국회 의원에게 주어진 권한 중 대표적인 것이 면책 특권과 불체포 특권이다. 두 특권의 존폐를 두고 잦은 논란이 빚어지지만, 한편으로는 입법권을 가진 그들의 직무 수행에 필요한 권한 이라는 주장도 있다.

'금배지'를 단 국회의원들이 받는 갖가지 혜택은 눈이 휘둥그레질 정도다. 국회의원이 받는 세비(일반 수당)는 월 646 만 4,000원으로 높은 편이 아니다. 하지만 여기에 관리 업무비, 정액 급식비, 입법 활동비, 특별 활동비 등 비과세 항목들이 덕지덕지 붙어 의원 1인이 받는 월 평균 급여는 1,100만 원 수준으로 뛴다. 뿐만 아니다. 정근 수당(연 646만 4,000원)

과 명절 휴가비(연 776만 8,000원)를 두 번에 걸쳐 나눠 받는다. 여기에 가족 수당(매달 배우자 4만 원, 자녀 1인당 2만 원)과 자녀 학비 보조 수당(분기별 고등학생 44만 6,700원, 중학생 6만 2,400원)도 추가해야 한다.

이것은 모든 의원에게 똑같이 적용되는 급여 및 비급여 항목이고, 의원에 따라 연 수입은 천차만별이다. 출판 기념회나 후원회 등을 통해 연간 1억 5,000만 원(선거 기간에는 3억 원)까지 주머니를 불릴 수 있어서다. 2,000억여 원을 들여 리모델링한 의원 회관에 있는 45평 규모의 널찍한 사무실에서 9명의 전용 보좌관을 두는 것도 다른 나라 국회에서는 보기 힘든 특권 사례로 꼽힌다. 사무실 운영비는 물론 9명 보좌관의 인건비도 전액 국가에서 지원한다. 의원 1인당 보좌진 급여 지원은 연간 3억 6,880만 원에 달한다. 유류비와 차량 지원비(렌트비)도 월 145만 8,000원씩 지급된다.

이 밖에 철도·선박 무료 이용과 해외 출장 시 항공기 비즈니스 석 무료 제공, 입출국 시 공항 수속 및 보안 검색 약식 처리, 공항 귀빈실 이용, 골프장 이용 시 회원 대우, 연 2회 해외 시찰 국고 지원, 국회 내 편의 시설 무료 이용 등이 국회의원들에게 특권으로 주어진다.

한 시민 단체는 일반인들에게 노출된 '금배지 특권'만도 200여 개에 달하는 것으로 추산하고 있다.

(한국경제신문, 2013. 10. 12 발췌)

국회의원의 특권에 대한 불만의 목소리가 높다. "너무 과하다."는 것이 전체적인 의견이다. 절대적으로 동의한다. 대한민국에서 국회의원만큼 특별한 대우를 받는 직업이 또 있을까?

국회의원은 해외 출장 시 현지 대사관이나 현지 주재 기관으로부터 국가 귀빈 대우를 받는다. 정부 부처의 공무원, 심지어는 장차관도 국회의원의 요구에는 즉각 반응하며, 일부 대기업에서는 국회의원 의전과 국회 관련 업무를 하는 부서를 따로 두기도 한다. 국회 입법에 따라 경영 환경이 바뀌고, 국정 감사나 청문회에 기업 총수가 증인으로 불려가는 일이 잦아지면서 정부나 기업, 사회단체들이 국회를 상대로 처리해야 할 일들이 많아지고 있다. 그에 따라 국회의원에 대한 사회적 대우가 점점 높아지고, 공식, 비공식적으로 국회의원들이 누리는 특권도 함께 늘어나고 있다.

그러나 이러한 특권들은 그저 눈에 보이는 표면적인 것들이다. 우리가 정말 알아야 할 것은 그들에게 주어진 특권의 가 짓수가 아니라 그들이 오용하고, 남용하는 '힘'이다. 이런 관점 에서 가장 대표적인 것이 면책 특권과 불체포 특권이다.

두 법은 정부나 사법부가 국회의원의 의정 활동에 대해 실 정법을 이유로 형사 책임을 묻지 못하게 하기 위해 생겨난 것 이다. 국회의원이 관료나 기업에 휘둘리거나 사적으로 거래하 지 않고, 국민을 위해 소신껏 일할 수 있도록 법적으로 보호하 는 방패막인 셈이다. 그러나 실제 이 법은 의원 개인의 사리사 욕이나 당리당략을 위해 악용되는 경우가 많다.

선거 때만 되면 상대 당과 후보에 대한 허위 사실 유포와 흑색선전, 인신공격이 도를 넘어 법에 접촉될 만큼 위험 수위 에 다다르지만 이 때문에 법적 구속을 당했다는 정치인은 찾아 보기 힘들다. 이유는 이들 중 다수가 면책 특권을 악용하기 때 문이다. 뿐만 아니다. 비리와 불법을 저지른 동료 국회의원을 감싸는 데 이용되는 대표적인 수단이 불체포 특권이다. 국회의 원의 공정한 활동을 보장하기 위해 만들어진 두 법은 모순적이 게도 막장 국회의 보호막이 되었다. 이를 막기 위해 문제가 되 는 의원들은 국회 윤리 위원회의 징계 심사를 받도록 되어 있 지만, 이런 일이 생길 때면 국회의원 끼리의 동료애(同僚愛)는 그 어떤 집단보다 강하고 끈끈해진다.

이런 예들은 앞으로 설명할 예에 비교하면 약과이다.

시 의원을 비롯한 지방자치단체장에 영향력을 행사하며 자신들의 권한을 남용하는 것 또한 국회의원들의 대표적인 힘의 오용사례다. 대부분의 지역구 국회의원은 지역구 당협위원장을 겸하고 있다. 시장, 군수, 구청장 등을 뽑는 지방자치단체장 선거와 시·군·구의원 등을 뽑는 기초 의원 선거에서 국회의원은 해당 지역 공천에 절대적 영향력을 미친다. 공천 심사위원회에 대해 발언권을 가지는 것은 물론, 지역구에서 경선을 치르는 경우에도 지역구 조직을 통해 당원이나 대의원들에 대해서 영향력을 미친다.

그래서 대부분의 기초단체장 지망생들은 국회의원의 낙점을 받기 위해 모든 노력을 다한다. 기초 의원들 역시 국회의원의 호의를 얻기 위해, 지역구 하부 조직을 관리하는 책임자처럼 행동한다. 국회의원의 눈 밖에 나면 공천은 사실상 불가능해지기 때문이다. 특히 특정 정당의 지지 기반이 강한 영남과 호남 텃밭 지역에서는 국회의원의 낙점이 곧 당선을 의미한다. 이런 이유로 기초 단체장이나 기초 의원 공천권의 힘은 절대적이다.

정치 신인들은 당선이 유력한 지역에 공천을 받기 위해 당에 공천 헌금을 내고, 그 과정에서 국회의원이 핵심 역할을 한다. 이 시기에 정치권에서 오가는 돈은 얼마인지 짐작조차 할 수 없다. 선거 때마다 돈을 밝히는 사람이 누구이며, 심지어 어느 지역은 기초 단체장 공천에 얼마, 광역 의원 공천에 얼마, 기초 의원 공천에 얼마 하는 식의 구체적인 소문이 돌기도 한다. 이 모든 것은 그저 심증만 있고 물증은 없는, 그러나 알 만한 사람들은 다 알고 있는 공공연한 비밀이다.

## 개혁과 보완이 필요하다

국민을 보기가 부끄러워진다. 자성하고 새로운 개혁의 몸부림을 칠 법도 한데 그들의 행동은 더욱 대범해지고 더욱 견고해진다. 그 사이에는 국민의 진정한 목소리가 담길 공간이 없다.

이쯤 되면 당장이라도 거리로 뛰쳐나가 "이 못된 국회의원들이 갖고 있는 모든 권한을 빼앗아 버리자!"고 외치고 싶어질지 모른다. 그러나 나는 단순히 그들의 권리를 축소하자는 의견에는 반대한다. 물론, 현재 국회의원들이 누리고 있는 특권들 중에는 지금 당장 없애야 할 것들도 있고, 오용과 남용으로 인해 본래 취지를 잃은 것들도 있다. 이것들은 반드시 개혁해야 한다.

그러나 개혁에 앞서 먼저 생각해야 할 문제가 있다. 국회의원이 제대로 기능하기 위해 필요한 권한들이다. 이것들이 보장되지 않는다면 국회의원들은 제대로 일할 수 없다.

예를 들어, 국회의 정책 능력이 관료나 기업에 비해 낙후되어 있으면 정책 기능을 수행하기 어렵다. 관료는 정부 기관 산하의 연구소에서 전문 인력의 지원을 받는다. 기업 연구소에서는 각 분야 최고의 전문가들이 철저히 기업 이익의 관점에 맞춰 움직이고 있다. 국가 정책이 관료와 기업에 휘둘리지 않으려면 국민의 선출된 권력인 국회의 능력이 대폭 강화되어야 한다. 이런 점들은 특권을 단순히 빼앗는 것으로는 해결할 수 없다.

국회에는 주어진 권력을 남용하며 자신의 이익을 챙기는 의원보다는 본분을 다하기 위해 최선의 노력을 하는 국회의원들이 더 많다. 열심히 일하는 국회의원일수록 공통되게 사람과 시간과 돈의 부족에 대해 이야기한다. 의원 시절, 나 역시 그런 한계를 많이 느꼈다.

많은 이들이 묻는다. "대체 무슨 일을 하기에 그 돈이 부족해요? 9명의 보좌진도 모자라다고요?"

국회의원들은 자신들의 세비(월급) 외에 추가 보조금과 후원금을 통해 돈을 모을 수 있다. 대표적인 것이 매년 최대 1억 5,000만 원까지 받을 수 있는 정치 후원금과 국가로부터 정책 개발비 등의 명목으로 받는 4,000만 원 가량의 추가 지원금이다. 그러나 정치 후원금의 경우, 초선 의원들은 최대치의 절반도 모으기 어렵다. 어찌되었든 약 2억 원 가량의 돈은 일반적으로 큰돈이다.

그런데 비용의 관점에서 보면 이 돈이 턱없이 부족해진다. 국회의원의 가장 대표적인 업무인 정책 개발을 위해 필요한 돈은 얼마일까? 하나의 정책을 마련해 입법화하기까지 프로세스는 이렇다. 우선, 시장 조사를 해야 한다. 의원과 보좌관들은 문제의식을 갖기 위해 전문가와 각계각층 시민의 이야기를 끊임없이 듣는다. 이렇게 만들어진 의제는 내부 논의를 통해 정리되고 문서화된다. 정리된 내용은 국회 내 세미나에서 검증받고, 정교화된다. 초안이 마련되면 또 다시 수차례의 공청회를 거친다. 이 모든 과정을 거쳐야 정식 법안의 꼴을 갖추고, 입법화되는 것이다.

대략의 프로세스만 봐도 여러 차례의 절차를 거쳐야 한다. 짐작했겠지만, 각 단계가 다 비용이고, 돈이다. 법안의 경중에 따라 그 차이가 있긴 하지만 묵직한 법안을 하나 만들기 위해서는 수없이 많은 사람들, 특히 전문가들의 의견이 들어가야 한다. 앞서 이야기한 절차 중 국회 세미나를 좀 더 자세히 들여다보자. 국회 세미나에는 서너 명의 발제자와 토론자가 각각 참석한다. 발제자와 토론자 모두 학자나 연구원 등 각 분야의 전문가들이다. 세미나에 참석한 이들에게 거마비 명목으로 지급되는 돈이 일인 당 50만 원 내외이다. 여기에 자료집 배포를 위해 사용되는 금액을 더하면 국회 세미나를 한 번 개최하기 위한 비용은 최소 500만 원 정도이다. 이런 세미나를 수차례 거쳐야 국민과 전문가들의 의견을 두루 담은 균형 잡힌 법안이 만들어질 수 있다.

본격적으로 일을 시작하기 전에 돈이 발목을 잡는다. 국회의원의 첫 번째 임무가 다양한 국민의 의사를 반영할 수 있는 법안을 만드는 것인데, 돈과 사람 문제에서 가장 먼저 한계에 부딪히는 것이다. 이런 이유로 국회의원들이 많은 주제들을 그야말로 '손대는' 수준에 그치고, 설사 법안을 내더라도 기존 법률을 한두 항 개정하는 수준에 그치는 것이다.

혹자는 묻는다. "매년 일억 원 넘게 받는 세비는 다 어디에 쓰고요?"

사람을 만나는 것이 국회의원의 주요 업무이다. 대부분의 국회의원들은 아침, 점심, 저녁을 모두 외부에서 먹는다. 인맥, 연줄 문화가 강하게 작용하는 한국 사회에서, 국회의원들은 만나야 할 사람이 많아도 너무 많다. 지역구 주민들의 경조사는 기본이고, 언론인, 동료 의원, 교수, 연구소 관계자들까지 촘촘한 그물망처럼 얽혀 있는 인간 관계로 인해 하루 세 끼 식사도 모자랄 지경이다. 공적인 모임뿐인가? 국회의원 배지를 다는 순간, 친구와 선후배 등 사적인 모임은 몇십 배로 늘어난다. 이른바 '잘나가는 국회의원 친구'를 찾는 자리가 기하급수적으로 늘어나고, 이를 내치기도, 다 참석하기도 힘든 상황에 놓여 고민하게 된다.

유감스럽게도 이런 자리에서 계산은 대부분 국회의원들의 몫이다. 사람들은 국회의원을 '갑중의 갑'이라 하지만, 대한민국에서 '갑'으로 살기 위해서는 시간과 돈이 필요하다. 많은 국회의원들이 이러한 모임에서 사용하는 돈을 자신이 받는 월급, 즉 세비로 충당한다. 이른바 밥값, 술값의 공포다.

이뿐인가. 모든 지역구 국회의원들은 해당 지역구에 국회의원 사무소를 운영한다. 여기에 상주하는 직원이 최소 두세 명은 되니, 한 달 운영비가 천만 원에 육박한다. 월급만으로는 100% 적자 인생이다.

이런 이야기 끝에 따라올 국민들의 질책이 예상된다. "돈 쓰는 정치 하지 마세요! 진짜 일을 하세요!"다. 동감한다. 나 역시 그런 세상이 빨리 오길 기원한다. 그러나 아직 우리 사회에서는 정치인을 이중적인 잣대로 대한다. 돈 쓰지 않는 정치를 하기에는 현실의 벽이 너무 높다.

이런 현실에서 우리 국회에는 두 부류의 정치인들이 활동하고 있다. 진짜 국민의 대표로서 일을 해 보려 발버둥 치는 국회의원과, 특권의 달콤함을 누리며 유유자적 임기를 보내는 국회의원이다. 문제는 이들을 구분하는 것이 매우 어렵다는 데 있다. 내가 앞서 우려했던 부분이 바로 이 지점이다. 만약 여론이 요구하는 것처럼 현재의 권한을 대폭 축소하고, 짜내기만 한다면 가뜩이나 부족한, 진짜 국민에 편에 서서 국민을 위해 일하는 국회의원들의 씨를 말리는 부작용을 낳을 수 있다. 그래서 조심스럽게, 현실적으로 접근해야 한다. 물론 현재 오용되고 남용되는 특권은 반드시 폐지되어야 한다. 이 점은 몇 번을 강조해도 지나치지 않다. 국회의원들이 악용하는 특권들은 지금 당장, 폐지해야 한다.

　어려운 현실이다. 국회의원 스스로가 변화할 수만 있다면 좋으련만, 이 변화가 쉽지 않다. 물론 시대가 변하고 국민의 의식이 높아지면서, 국회의원 개개인의 자질도 높아졌다. 그러면서 조금씩 변화의 노력이 보인다. 국회의원 연금 국고 지원을 없앤 것, 국회의원 개인과 이해관계에 있는 상임위에 배치하지 않는 것 등이 그런 예다.

　그러나 국민의 기준에는 턱없이 부족하다. 일반적인 상식 수준에도 미치지 못한다. 그래서인지 선거 때마다 각 정당은 정치 개혁을 공약으로 내걸고 국회의원의 특권을 내려놓겠다고 약속한다. 2002년 국회 정치 개혁 특위에서 추진한 '돈 안 드는 선거법 개정', 한나라당 미래연대와 수요모임, 민본21에서 추진한 '소신 표결 보장', '당론 강제 금지', '몸싸움 가담 거부 선언', 민주당 김성곤 의원이 추진한 '인신공격과 막말 추방하고 좋은 언어 쓰기 운동' 등이 그런 예다. 그러나 언제나 선거 때뿐이다. 정치 개혁 공약은 선거가 끝나고 나면 번번이 빈말이 되고, 국회의원들의 특권을 개혁하기 위한 노력은 기득권을 지키려는 내부의 압력에 의해 무시되어 버렸다.

　다른 사람이나 제도를 따지기 이전에, 국회의원들 스스로

가 부당한 특권을 내려놓고 구체적인 방안을 국민 앞에 약속하고 실천해 나가야 한다. 시대의 요구, 국민의 요구를 두려워해야 한다. 마지막 기회다. 오늘, 스스로 바꾸지 않는다면, 새로운 인물과 세력에 대한 국민들의 요구는 더욱 거세질 것이다.

4장

어떻게
바꿀
것인가

# 연합의
# 힘

대한민국의 대통령이 되기 위해서는 어떤 덕목과 자질이 필요할까? 과거 우리나라 대통령들에게는 극단적인 위험을 돌파하고, 목숨을 건 투쟁을 마다하지 않으며, 반대를 강하게 제압할 수 있는, 마키아벨리가 말한 비르투(Virtu)의 기질과 특성이 있었다. 그런데 흥미로운 사실은 대통령이 되자, 이러한 자질이 그들의 발목을 잡았다는 것이다.

집권을 위해 필요한 힘과 대통령이 된 후 통치를 위해 필요한 힘의 성격은 분명히 다르다. 통치자가 되기 위한 과정에서 독단적인 힘이 필요하다면, 통치자가 되고 난 후에는 반대 세력과 소통하고 국민의 마음을 적극적으로 반영하는 포용의 힘이 필요하다. 그러나 애석하게도 우리 대통령들은 자신들이 권력을 잡았던 과거의 성공 법칙, 그 힘에서 벗어나지 못했다.

이들의 특성은 대통령에게 모든 권력이 집중된 한국 특유의 대통령제와 결합하면서 더욱 기이한 정치 형태를 만들어 냈다. 1장에서 설명했듯이 모든 것이 대통령에게 집중되는 우리 정치 현실에서는 국회, 관료, 사법기관, 기업 모두 대통령만을 쳐다보고 있을 수밖에 없다. 우리를 절망에 빠트리는 수많은 사회 문제들이 바로 이런 권력의 틀에 기인하고 있다. 그러나 많은 이들은 눈앞의 사건과 사람에만 집중하기 바쁘다.

궁극적으로는 틀이 바뀌어야만 지금의 이 한계를 극복할 수 있다. 기형적인 힘을 분산하여 대통령에게 집중된 힘을 견제하고, 다양한 계층의 목소리를 반영할 수 있는 새로운 틀을 만들어야만 한다.

지난 18대 대통령선거에서 역대 최고의 투표율을 보이며 박근혜 대통령이 당선되었다. 당시 투표율은 75.8%, 이 중 당선자인 박근혜 대통령의 득표율이 51.6%, 문재인 후보의 득표율이 48%였다. 100명이 사는 한 마을에 빗대어 생각해 보면, 주민 중 약 76명이 투표를 했고, 그중 39명은 박근혜 후보를, 36명은 문재인 후보를 지지했다는 이야기다. 한 마을 100명 중 39명의 지지를 받은 후보가 마을을 대표하는 대통령이 되었다.

그리고 36명은 다른 후보를 지지했다.

당신이 이 마을의 대통령이라면 국정을 운영하는 일이 수월하겠는가? 결코 쉬운 일이 아니다. 100명 중 과반이 되지 않는 단지 39명만이 내가 대통령이 되길 원했던 사람이었다. 36명은 내가 되길 원치 않았던 사람이었고, 나머지 25명의 의사는 알 수 없다.

이것이 18대 대통령으로 당선된 박근혜 대통령이 마주한 현실이다. 대한민국의 대통령은 결코 쉬운 자리가 아니다. 자신을 지지한 100명 중 39명의 지지자들의 대표자인 동시에, 수없이 많은 이유로 자신을 지지하지 않았던 100명 중 61명의 대표자이기 때문이다.

이런 이유로 대한민국 대통령은 당선과 동시에 두 가지 현실에 마주하게 된다. 하나는 대한민국의 모든 권력을 가질 수 있는 특권이고, 다른 하나는 자신의 국정 철학을 반대하는 험난한 벽이다. 그래서 대한민국의 대통령은 제왕적 권력의 틀과 그 제왕적 권력을 반대하는 절반의 국민들, 그 사이에서 5년이라는 시간을 허비한다.

사실 우리가 선택하고 있는 대통령 제도가 잘 운영되기 위해서는 선행되어야 할 두 가지 전제 조건이 있다.

첫째, 대통령이 소신껏 일할 수 있는 구조를 만들어 줄 것.

둘째, 대통령이 절대적인 권력을 행사할 수 없도록 적절한 견제 시스템이 작동될 것.

그런데 우리의 현실은 이와 정 반대이다. 대통령의 절대적인 권력을 견제할 수 있는 시스템은 사실상 전무한데 반해, 대통령이 소신껏 일할 수 있는 기틀, 즉 국민적 지지는 마련되어 있지 않다. 그 이유는 명확하다. '틀'의 문제이다.

사실상 새누리당과 민주당이라는 양당만이 존재하는 우리 정치 체제 아래에서, 51%의 지지란 49%의 반대를 의미한다. 이는 사람들을 전부(全部) 아니면 전무(全無)라는 논리에 빠지게 한다. 정치권과 국민 모두가 양쪽으로 갈려 선거에서 정권 탈환을 하는 것에만 목을 매는 사태에 빠지게 되는 것이다.

지금 우리 사회의 가장 큰 이슈인 편 가르기와 반대를 위한 반대 논리의 근본적인 이유이다. 이러한 토대 위에 선 정권은 지지대가 견고하지 않다. 그러다 보니 정권의 절반도 채우지 못하고 레임덕에 빠지게 되고, 남은 긴 시간 동안 국정은 공백 상태에 놓인다. 우리는 이런 구조적인 문제를 역대 정권에서 반복하여 경험했다.

해결책은 명확하다. 70% 이상의 지지를 받는 대통령이 나올 수 있는 구조를 만드는 것이다. 그런데 이를 사람의 문제로 접근한다면 답은 묘연해진다. 오늘날, 이 복잡한 대한민국에서 국민 70%의 지지를 받을 수 있는 사람과 정당이 탄생할 수 있을까? 사실상 불가능에 가깝다. 그러면 어떻게 70% 이상의 지지를 받는 대통령을 만든단 말인가?

그 답은 정당 간, 후보자 간의 '합의'와 '연합'에 있다. 합의를 통한 연합의 정치, 국민과의 소통의 정치를 이루어야 한다. 지금과 같은 독식 정치 구조 아래에서는, 그 어떤 대통령이라도 불통에 빠질 수밖에 없다.

### 17시간 마라톤 협상 …… 독일 대연정 합의

앙겔라 메르켈 독일 총리가 이끄는 기민·기사당 연합이 17시간 동안 이어진 밤샘 협상 끝에 27일, 사민당과의 보수·진보 대연정에 합의했다고 로이터통신이 보도했다.

사민당은 협상을 통해 시간당 8.5유로(약 1만 2,000원) 최저 임금제 도입을 얻어 냈다. 사민당은 최저 임금제를 도입하지 않아 저임금 노동자가 보호 받지 못한다고 주장해 왔다. 연금 수령 시기를 현재 65세에서 63세로 낮추자는 사민당의 주장도 받아들여졌다. 기민당은 대신 세금을 늘리지 않겠다는 점을 분명히 했다. 블룸버그통신은 대연정 합의로 메르켈 총리의 경제 정책이 지속될 것으로 전망했다.

사민당 지도부는 이번 주말부터 47만 당원을 대상으로 합의안 찬반 투표를 실시해 다음달 14일께 결과를 공개한다. 사민당의 찬반 투표가 통과되면 메르켈 총리는 다음달 17일 또는 18일 세 번째 총리 선서를 할 것으로 보인다.

(중앙일보, 2013. 11. 28 발췌)

독일 메르켈 총리에 관련된 기사로, 독일의 기민당과 사민당의 연합에 관련된 이야기다. 우리로 치면 새누리당과 민주당이 연합해서 하나의 정부를 꾸린 셈이다. 기사를 보는 순간 '이런 합의를 이룬다면 좋겠지만, 과연 우리 정치 수준에 가능할까?'라는 물음과 함께, 우리 정치 환경에서 연합 정치를 실현하기 위해서는 어떤 틀을 갖추어야 할지에 대한 물음이 이어질 것이다.

민주주의 국가에서 단일 정당이, 70% 이상의 지지를 얻어 정부를 출범시키는 것은 불가능에 가깝다. 때문에 유럽의 정치 선진국들은 정당간의 연합을 택했다. 독일의 경우, 이번 기민당과 사민당의 연합으로 국민 지지율 72.1%의 내각이 구성됐다. 1957년, 기민당이 단독으로 과반수 이상의 지지를 받은 적이 있었지만 그때도 기민당은 자민당과의 연합을 택했다. 연정 파트너와 계속 손을 잡고 가는 것이 안정적인 정권 운영에 더 도움이 된다고 판단했던 것이다.

물론 연합 정부를 구성한다고 해서 항상 70%의 지지가 확보되는 것은 아니다. 단 1%라도 많은 의석을 확보하면 집권이 가능하다는 기본 원리는 변하지 않기에, 51대 49의 대립 구도는 있을 수 있다. 그러나 가능한 많은 지지 기반을 확보하여 집권의 안정성을 담보하는 효과가 있다는 것에 주목해야 한다. 무엇보다 중요한 것은 연합 정부를 구성하는 것이 지금의 비정상적인 정치를 한 단계 개선하는 방향임에는 틀림없다는 사실이다.

# 개헌 논란의
# 중심에서

우리의 권력 구조는 미국식 대통령제와 유사하다. OECD 34개국 중 순수한 대통령제 국가는 우리나라를 제외하면 미국, 칠레, 멕시코 3개국뿐이다. 그중 선진국은 미국 정도이다. 그런데 미국 정치를 연구하는 학자들에게 우리 정치 제도와 미국 정치 제도의 공통점에 대해 물으면 손사래를 친다. 겉으로 보면 대통령제를 유지하고 있기 때문에 비슷해 보이지만 민주주의를 유지하는 시스템이 전혀 다르다는 것이다. 미국은 철저하게 삼권 분립의 가치 위에서 권력 구조가 형성되어 있다.

행정부는 법률안을 만들 수 없다. 법률안 제출은 입법부인 국회의 고유 권한이다. 우리나라와 같이 대통령이 대법원장과 헌법 재판소장을 임명하지도 않는다. 또한 행정부의 권력도 연방 정부와 지방 정부에 명확히 분산되어 있다. 미국식 대통령 제도에 비춰 봐도 우리의 대통령제는 대통령에게 너무 많은 권한을 주고 있다.

그렇다면 우리의 권력 구조를 더욱 미국적인 방식으로 조정해 가야 할까? 결론부터 이야기하면, 나는 미국식 대통령제를 우리의 모델이라고 생각하지 않는다. 대통령 중심제와 양원제를 근간으로 하는 미국의 정치 제도는 내부 갈등을 해소하는 데에 제도적인 도움을 주지 못하고 있다. 지난해 10월, 2014년도 예산안을 합의하지 못하면서 일어난 셧다운(shutdown) 사태는 이러한 주장의 좋은 예다.

미 연방 정부 셧다운 사태의 중심에는 '오바마 케어'라 불리는 미국 의료보험 제도의 개혁이 있었다. 이를 두고 민주당과 공화당의 극한 대립이 평행선을 달렸는데, 양 당의 갈등과 미국 내 사회적 갈등은 우리가 직면하고 있는 정치 불신과 사회 갈등만큼이나 심각했다. 미국에서 발표된 여론 조사 결과를 보면 국민들의 정치 의식은 중도로 몰리는데 반해, 민주당과 공화당의 이념도는 좌우 극단을 향해 가고 있는 것으로 나타난다. 양당제의 폐해이자 대통령 중심 제도의 한계다.

대통령제로 상징되는 다수제 민주주의는 승자 독식, 패자

불복이라는 프레임에 빠지기 쉽다. 이런 이유로 갈등이 많은 사회일수록 내각제에 가깝게 설계된 정치 제도가 필요하다고 생각한다. 당장은 더딜지 모르나, 권력을 나누고 공동으로 운영하는 것이 결과적으로는 훨씬 효율적인 길임을 유럽의 내각제(합의제 민주주의) 국가들이 보여주고 있다.

내가 지금까지 만나왔던 사람들의 절대 다수, 특히 정치를 오래 경험하거나 연구한 사람일수록 의원 내각제를 찬성했다. 현재 인류가 만든 가장 합리적인 정치 제도라는 평가였다. 일반적으로 내각제는 국민의 직접 선거에 의해 의회가 구성되고, 의회에서 다수당이 소수당과 연합 정부를 이루어 내각을 구성한다. 이렇게 구성된 내각이 불신임을 받을 경우, 해산하고 다시 내각을 구성한다. 의회가 해산되면 다시 총선거를 실시한다.

현재 우리나라에서 내각제를 반대하는 가장 큰 이유는 국민적 동의를 얻기 어렵기 때문이다. 우리 국민들은 군사 독재를 물리치고 탄생시킨 현 체제에 대해 강한 긍지를 가지고 있다. 그리고 우리 국민들은 국회의원을 믿지 못한다. 그러니 이들이 총리를 뽑고 내각을 구성하는 것을 인정할 수 없는 것이다. 결국 가장 큰 걸림돌은 국회의원에 대한 국민들의 불신이다.

4장

나 역시도 이런 점들 때문에 '대통령 4년 중임제'를 도입하여 권력의 레임덕이라도 막는 것이 현실적이라고 생각했었다. 하지만 반복되는 권력의 침몰 과정을 보면서 제왕적 대통령제로는 우리 정치를 한 발짝도 더 발전시킬 수 없다는 결론에 도달했다. 모든 정치인들이 국민 앞에 머리 숙여 잘못한 것은 고치겠다고 약속하고, 모순투성이인 한국 정치를 변화시키기 위한 길은 틀을 바꾸는 것뿐임을 설득할 필요가 있다.

최근 정치권에서는 현실성을 고려한 분권형 대통령제 또는 대통령 직선 내각제(오스트리아 모델)가 폭넓게 공감대를 얻고 있다. 왕이 없는 국가는 상징적으로 국가를 대표할 이가 필요하기 때문에 국민이 직접 선출한 대통령이 이런 역할을 맡는다. 그러나 현재 대통령이 갖고 있는 절대적이며 제왕적인 권력은 분산시킨다. 이것이 두 제도의 핵심이다.

나도 이에 전적으로 동의한다. 국가 권력을 분산시키는 방법은 대체로 대통령은 외치를, 국회에서 뽑은 총리가 내치를 담당하는 분권형 모델이다. 대통령의 권력을 분산시켜야 한다는 점과 국민이 대통령 직선제를 쉽게 포기하지 않을 것이라는 점을 모두 고려한 절묘한 타협안이다. 이러한 총론에는 동의하지만 각론으로 들어가면 검토해야 할 내용이 많다.

가장 대표적인 것이 외치와 내치를 어떻게 구분할 것인가에 대한 문제이다. 분권형 대통령제를 보면 대통령이 외교부, 국방부, 통일부 장관을 임명하고, 나머지 장관은 총리가 임명하도록 설계되어 있다. 이렇게 이원화된 내각이 과연 효과적으로 작동할 수 있을지 의문이다. 국민 직선으로 뽑힌 대통령과 의회에서 선출된 총리의 소속 정당이 서로 다르다면 갈등이 없을 수 있을까? 문득 2006년, 노무현 대통령과 국회가 첨예하게 대립했던 전쟁 같았던 시기가 떠오른다.

우리 국정의 현안들을 '외치'와 '내치'로 단순하게 분리할 수 있는가도 문제이다. 대통령이 대북 유화 정책으로 남북 정상회담을 추진하는데, 다수 집권당의 총리는 국민의 생명과 안전을 보호하기 위해 강력한 대북 규제가 필요하다고 생각한다면, 외교 통일 업무는 대통령 소관이니 관여하지 않은 게 맞을까? 또 FTA는 어떤가? 이명박 정부는 통상 업무를 외교통상부로, 박근혜 정부는 산업통상자원부로 묶었다. 한 정부에서도 그 업무가 어디에 결합되어야 더 효과적인지 갑론을박이 많았다. 대통령은 FTA를 추진하고, 총리는 경제 수장의 입장에서 반대하면 그 결정은 국회의 몫이 될 것이고, 그럴 경우 다수당을 배경으로 하는 총리의 입장으로 정리될 것이 뻔하다. 그때 대통령은 뭐라 하겠나. "대통령 못해 먹겠다."는 말이 나오지 않을까? 이야기를 따라가다 보면 당장 국민적 설득이 어렵다고 형식적으로 권력 분산을 추진하는 것은 또 다른 불행의 씨앗을 품는 것이라는 생각이 든다.

결국 우리는 51%의 승자 독식 구조가 아닌 합의제 민주주의로 가야하고, 그것을 위해 내각제로의 전환이 꼭 필요하다고, 국민을 설득하고 동의를 구하는 방식으로 가야 한다. 상징적 존재로서의 대통령을 국민 직선제를 통해 뽑는 것은 가능하다. 이 경우 대통령이 외교·통일·군사적 측면에서도 행정부에 영향을 미칠 수 없게 해야 한다. 대통령의 권한은 국가의 상징 수준으로 철저히 제한되는 것이다. 이 제도를 '대통령 직선 내각제'라 칭하며, 우리나라에 가장 적합한 권력 구조라고 생각한다.

하지만 직선으로 뽑힌 대통령이 그 작은 권력을 누리는 것에 만족할까? 또 국민은 내가 직접 뽑은 대통령이 상징적 존재만으로 머무는 것에 동의할 수 있을까? 이 점이 정치권과 국민, 그리고 많은 전문가들이 함께 머리를 맞대고 풀어야 하는 가장 큰 숙제이며, 내각제 정치 체제에 대한 국민적 합의가 필요한 이유이다.

이 논의에 독일과 오스트리아 모델의 차이점과 유사성을 규명하는 것은 중요하지 않다. 학술적 의미는 있을지 모르나, 외국 모델의 도입은 국민에게 반감이 더 클지 모른다.

이미 우리 민주주의 역사, 짧지만 복잡다단했던 대통령 직선제 운영 과정에서 들어났던 문제점들의 해결 방법을 고민하면 답은 자연스럽게 나온다. 대통령 직선 내각제를 도입함에 있어서 대통령과 총리의 권력 배분, 내각과 의회의 견제력, 의회 해산권 등의 세부적인 내용을 우리나라에 가장 적합한 모델로 정립하면 된다. 큰 틀의 제도가 정착되면 새로운 정치 역사가 시작되는 것이고, 계속적인 변화와 혁신을 통해 한국형 모델로 자리 잡을 수 있다.

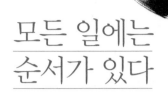

# 모든 일에는
# 순서가 있다

그동안 정치권에서는 수시로 개헌을 이야기했다. 국회의 장실에는 개헌 관련 서류만 수십 박스 쌓여 있다. 개헌에 대한 논의는 매 회기마다 반복된다. 이번 19대 국회에서도 의원 116명이 참여한 '개헌 추진 국회의원 모임'이 만들어졌고, 곧 개헌안을 발의할 것으로 알려졌다. 이 모두가 앞서 거론한 대통령의 제왕적 권력을 견제하기 위한 움직임이다. 나 역시 이런 움직임에 근본적으로 동의한다.

그런데 국민들의 온도는 전혀 다르다. 대통령제를 바꿔야 한다고, 개헌이 필요하다고 국회에서 목소리를 높이면 '너나 잘 해.'라는 답이 돌아온다. 이유는 간단하다. 국회와 정치에 대한 국민의 신뢰가 완전히 무너졌기 때문이다.

모든 일에는 순서가 있다. 개헌을 논하기 이전에 국민적 동의를 얻어야 하고, 그러기 위해서는 국회가 먼저 변해야 한다. 국회의 자정 노력 없이 진행되는 개헌 논의는 국민적 동의를 받기 어려울 것이다.

국회가 어떻게 변할 수 있을까? 결국 기득권 내려놓기이다. 국회가 그동안 두 손 가득 쥐고 있었던 기득권, 국회의원들이 누리고 있는 많은 특권들을 모두 내려놓아야 한다. 그와 동시에 근본적으로 바뀌어야 할 것이 있다. 선거제도의 개혁이다. 이 역시 국회의원들과 현 정치권의 기득권 내려놓기가 선행되어야만 가능한 일이다.

## 선거제도, 왜 바꿔야 하는가?

많은 사람들이 거론하고 있는 우리 선거제도의 첫 번째 문제는 '표의 등가성'이다. 득표수에 비례하여 의석을 얻어야 하는데 현실은 그렇지 않다. '1인 1표'라는 민주주의의 가장 기본적인 원칙을 깨뜨리고 있는 심각한 문제다.

우리나라는 300명의 국회의원 중, 246명은 지역구에서 직접선거로 뽑고, 54명은 정당 투표율에 따른 비례대표로 뽑는다. 전체 의석수 중 정당 지지율에 정비례하여 선출하는 비례대표 의원의 수는 매우 작다. 그러다보니 표심이 제대로 반영되지 못한 의석수 비율이 발생한다.

A라는 정당이 모든 지역구 선거에서 51%의 표를 얻고, B정당이 49%의 표를 얻었다고 가정해 보자. 이렇게 되면 246개 지역구를 A정당이 싹쓸이하게 된다. B정당을 지지했던 49%의 민의는 고작 54석의 비례대표 의석 중 절반 가량을 나눠 갖는 것에 만족해야 한다.

지난 총선에서 새누리당은 42.8%의 지지를 받았지만 전체 의식의 50.6%인 152석을 얻었다. 득표율과 의석 점유율의 차이가 7.8%에 달했다. 열린우리당이 압승을 했던 17대 총선에서도 마찬가지로 왜곡 현상이 일어났다. 열린우리당의 정당 득표율은 38.3%에 불과했지만, 전체 의석의 50.8%를 얻었다. 득표율과 의석 점유율 간의 차이가 12%가 넘었다. 이를 투표 수로 환신하면 무려 266만 표가 왜곡된 셈이었다.

민주화로 상징되는 87년 체제 이후 지금까지 국회의원 총선을 통해 표출된 민심이 국회 의석 비율로 연결된 적은 한 번도 없다. 특정 정당의 유·불리를 말하는 것이 아니다. 민주주의 제도 아래서 국민의 의사 표현인 선거가 국민의 민심을 정확하게 반영하지 못하고 있음을 말하는 것이다.

둘째는 전문성 부족이다. 국회에서 입법과 정책 결정을 하기 위해서는 각 분야의 전문성이 확보되어야 한다. 하지만 사회에서 출세한 인물들이 모이다 보니 국회의원 중에는 법조인과 기업인의 비율이 너무 높다. 전문성을 가진 후보들도 많이 있지만, 당선을 위해서는 지역 착근력이 더 중요하기에 대부분의 정당에서는 한 지역을 터전 삼아 바닥부터 뛴 사람을 결국 후보로 낸다. 때문에 전문성을 주 무기로 하는 후보들은 공천 과정에서 밀리고 만다.

이때 정당에서 활용할 수 있는 것이 비례대표 제도이다. 각 당에서는 비례대표 후보를 낼 때, 직능 단체들로부터 추천 받은 전문가를 앞자리에 세운다. 이렇게 비례대표로 국회에 입성한 전문가들은 각 상임위에 포진되어 전문성을 발휘한다. 당의 입장에서는 전문가 인력을 확보하고, 직능 조직들의 지원도 받을 수 있는 좋은 기회이다.

비례대표 의원들은 특정 지역에 얽매이지 않기 때문에 지역주의에 근거한 판단으로부터 자유롭다. 그래서 늘 여론을 의식해야 하는 지역구 의원보다는 포퓰리즘 정책에 빠지지 않을 수 있다.

비례대표 의석은 각 정당의 열세 지역과 계층의 지지를 확보하는데 활용되기도 한다. 실제로 새누리당에게는 호남, 민주당에게는 영남 같은 불모지 출신의 유력 인사, 청년, 외국인, 여성 등 다양한 계층이 비례대표 제도를 통해 의회 참여의 기회를 얻는다. 이렇게 비례대표는 순기능이 많아 의석수를 늘려야 한다는 요구가 있지만 지역구를 줄이기 힘든 현실 때문에 증원되지 못하고 있다.

셋째는 아직도 지역주의에 의존하고 있다는 점이다. 정당의 불모지에 비례대표 의석수를 일부 할당하고 있지만 워낙 그수가 작다 보니 이벤트나 액세서리 정도로 폄하되고 있다. 국회 선거제도 개혁을 통해 영남당 호남당으로 나눠진 현실을 극복해야 한다.

그런데 사실 지역주의가 과연 우리가 알고 있는 것만큼 심각한가에 대해서는 좀 더 깊이 따져볼 필요가 있다. 지난 17대 총선에서 한나라당은 부산 지역 18개 의석 중 17개를 차지했다. 단순히 94% 의석 점유율이라는 결과만 보면, 지역주의가 전혀 완화되지 않은 듯하다. 하지만 실제로 새누리당이 얻은 표는 겨우 52%에 불과했다. 절반의 시민들은 다른 당을 지지한 것이다. 현재의 소선거구 일위 대표제는 결과를 왜곡시켜, 마치 지역주의가 고착화된 것처럼 느끼게 한다. 이런 현상은 호남의 민주당 득표율에서도 찾아볼 수 있다. 국민은 이미 지역주의에서 벗어나고 있는데 선거제도가 지역주의를 여전히 존치시키는, 모순된 구조이다.

이런 잘못된 틀로 인해 지금까지 우리나라는 진정한 의미의 대의 민주주의를 이루지 못했다. 국민의 뜻을 정확히 반영하지 못한 대표자가 선출되었고, 그들은 국민의 의사를 왜곡시켜 국가 정책에 반영했다.

이러한 문제점은 끊임없이 제기되어 왔다. 이를 극복할 수 있는 방안도 여러 차례 논의되었다. 그럼에도 불구하고 바뀌지 않는 이유가 무엇일까? 그 핵심에는 정치인들의 기득권이 있다. 지역구 조정, 비례대표제 확대와 같은 개혁은 곧바로 현재의 내 지역구, 내 자리에 대한 위협으로 연결되었다.

개혁을 위해서는 가장 먼저 국회의원들이 모든 기득권을 내려놓아야 한다. 국회의원이 변해야 우리 정치가 살고, 대한민국이 산다.

## 정당 득표율 의석 배분제

현재 선거구제의 문제점을 극복하기 위한 대안은 무엇이 될 수 있을까? 나는 이에 대해 수없이 많이 고민했다. 그 결과 '정당 득표율 의석 배분제'가 우리의 문제를 해결할 가장 근접한 대안이라고 생각하게 되었다. '정당 득표율 의석 배분제'란 국민의 표심이 담긴 득표율에 정비례하게 의석수를 배분하는 제도로, 소수당의 진출이 원활히 이뤄지면서 실질적인 다당제가 구현될 수 있는 선거제도이다. 이를 학계에서는 '독일식 정당 명부 비례대표제'라고 칭한다.

현재 독일의 국회의원은 672명이다. 이 중 50%는 지역구에서 뽑고, 나머지 50%는 비례 의원으로 뽑는다. 정당 득표율에 따라 정당별로 전체 의석수를 나눈 후, 당선된 지역구 의원을 제외한 나머지 인원은 비례 의원으로 배정한다. 정당 지지율로 의석수를 정확하게 배분하는 방식이기 때문에 국민의 의사가 왜곡됨 없이 그대로 국회 의석수로 반영된다. 우리나라 같이 정당 지지율과 의석수가 각각 다르게 나타나는 일이 없다.

우리나라에 이 제도를 적용하면 현행 지역구 의원이 246명이니, 비례 의원을 246명으로 증원하여 492명의 국회의원을 선출할 수 있다. 그러면 지역구 의원과 비례 의원의 비율을 50:50으로 맞추면서, 비례 대표성을 강화하는 국회를 만들 수 있다. 하지만 지금 지역구 의원의 숫자를 유지하면서 비례성을 확보할지, 아니면 지역구 의원의 숫자를 줄여 비례성을 확보할지는 국민의 의사를 물어 결정해야 한다. 국회의원이 현재의 두 배로 늘어난다면 국민의 부담도 그만큼 늘어날 것이다. 국회의원들이 자기의 기득권은 유지하면서 국민들에게 추가로 부담을 요구하는 것은 진정한 개혁이 아니다. 그러므로 모든 개혁은 국민의 의견을 수렴하여 이루어져야 한다.

만약 국민들이 국회의원 증원을 허락하지 않는다면 현재의 300석 이내에서 제도 개혁을 이루어야 한다. 150석의 비례대표 의석을 만들기 위해서는 현재 96석의 지역구 국회의원을 줄여야 한다. 현실적으로 가능할까? 문득 19대 총선을 앞두고 지역구 획정을 합의하지 못해 299석의 국회의원 자리를 한 석 늘려 300석으로 만들었던 상황이 떠오른다.

한 석의 지역구 의원 자리도 줄이지 못했는데 96석을 줄일 수 있겠는가? 나는 이 질문에 '할 수 있는가?'를 물을 것이 아니라, '그렇게 해야만 한다!'고 답하고 싶다. 12년간 국회에서 국회의원 한 자리에 목숨 거는 상황을 수없이 지켜봤다.

개혁의 모든 과정에서 현실성을 물으면 불가능하다는 답만 돌아올 것이다. 깨어 있는 자로부터 정치 개혁의 불을 당겨야 한다. 정치권이 스스로 기득권을 내려놓는 것이 그 시작이다. 합리적인 제도라고 인정하면서도 지역구 자리는 못 내놓겠다는 이중적 잣대를 들이대면 대한민국의 정치 발전은 없다. 대통령에게 쏠린 권력을 분산시켜야 한다며 분권형 대통령제 개헌을 주장하면서, 정작 자신들의 자리와 연관된 국회 제도 개혁에는 몸을 사린다면 어떤 국민이 진정성을 인정하겠는가. 기득권을 움켜쥔 채 입으로만 부르짖는 정치 개혁은 역사 속에서 수없이 반복된 정치 레토릭에 불과하다.

현실적 타협책으로 지역구 의원과 비례 의원의 비율을 각각 200석 : 100석으로 조정하는 방안도 생각해 볼 만하다. 표의 등가성을 살리면서 비례대표의 장점도 일부 보완하는 것이다. 이 경우 46석의 지역구를 줄여야 한다. 96석을 줄이는 것보다는 쉬워 보일 수 있으나, 실제로는 96석이나 46석이나 마찬가지로 힘들 것이다. 46석을 줄이는 정치 변혁의 힘이 있으면 96석도 줄일 수 있을 것이고, 그 힘이 없다면 단 10석도 줄이지 못할 것이다.

2016년 국회의원 선거를 앞두고 선거구 획정이 큰 이슈로

부상할 것이 분명하다. 이미 충청권 의원들은 전라도보다 인구가 더 많은데 의석은 5석이나 적다고 단단히 벼르고 있다. 이것을 오히려 기회로 삼으면 된다. 선거구 불평등 개선 논의를 통해 현재 인구 10만~30만 명 당 1명으로 되어 있는 지역구 의원 수를 줄이고, 비례대표 수를 늘리는 개혁을 단행해야 한다.

이렇게 늘어난 150석의 비례대표 의석은 '리스트'로 작성하여 선거 전에 공개하고, 유권자들의 심판을 받아야 한다. 이 리스트에 의해 영남에서 민주당 의원이, 호남에서 새누리당 의원이 탄생할 수 있다. 지난 19대 총선 결과, 새누리당은 서울에서 42.28%의 표를 얻었지만 16석을 얻은데 반해 민주당은 38.16%만으로 30석을 차지했다. 반대로 부산에서 새누리당은 51.31%로 16석을 얻었지만, 민주당은 31.7%를 얻고도 2석을 얻는데 그쳤다. 정당 득표율 의석 배분제는 이런 표의 왜곡 현상을 막고, 각 지역별로 정당의 지지율에 맞게 적어도 한 명 이상의 국회의원을 배출할 수 있는 제도이다.

리스트를 전국 단위로 작성할지, 권역별로 작성할지에 대한 결정, 석패율을 결합시킬 것인지에 대한 판단, 리스트 작성에 있어서 정당의 자율성을 어느 수준까지 부여할 것인지 등은 제도 도입 과정에서 세부적으로 다루어야 한다.

정당 득표율 의석 배분제가 도입되면 다당제의 순기능도 함께 부각될 수 있다. 정당 득표율이 50% 이상인 당은 현실적으로 나올 수 없기 때문에, 다수당도 소수당과 연합해야 한다. 지금처럼 43%의 지지율로 과반 의석을 점유하는 것은 불가능하다.

이렇게 얘기하면 새누리당의 동료들은 어떻게 자신이 속한 정당에 불리한 안을 주장할 수 있냐며 나를 비난할 지도 모른다. 하지만 그렇게 단순히 바라볼 문제가 아니다. 새누리당이 152석의 과반 의석을 점유했다고 마음대로 정치할 수 있는가? 지나치게 세력이 확장된 공룡 정당은 우리의 판단과 행동을 둔화시키고 결국 생존을 위협받게 한다. 결핍은 또 다른 도전의 필수 요소라고 하지 않던가. 부족하기 때문에 협력할 수밖에 없고, 더 많이 노력하면서 새로운 정당으로 거듭날 수 있다. 과반 의석에 만족하며 배 두드리고 있다가는 민심의 파도에 언제 휩쓸려갈지 모른다. 2004년에 과반 의석을 석권했던 열린우리당이 2008년에는 절반 수준인 81석의 통합민주당으로 간신히 살아남은 역사를 기억해야 한다.

정당 득표율 의석 배분제는 소수 정당의 의회 진출에 매우 용이하다. 6.7%의 정당 지지율만 기록하면 20명의 의원을 국회에 등원시킴으로써 원내교섭단체를 구성할 수 있다. 몇 석의 의석을 가진 소수당과 원내교섭단체를 가진 정당은 하늘과 땅 차이다. 물론 이 과정에서 통합진보당 같은 정당이 혜택을 받을 수 있고, 이 점에 대해 많은 국민들이 우려를 표시할 수는 있다. 나도 헌법적 가치를 부정하는 정당은 국회에서 퇴출되어야 한다고 생각한다. 하지만 장기적인 안목으로 봤을 때, 건전한 소수 정당이 출현하여 기존 정당을 견제하는 것은 우리 정치 발전에 이로운 일이다. 이들이 앞으로 나아갈 수 있는 길을 터 주어야 한다.

자연스럽게 중도 보수당, 중도 진보당이 생겨나고, 새누리당과 민주당 같은 기존 정당들이 연합 정부를 구성하는, 그럼으로써 당리당략을 위한 극단적 행동을 막고, 상식이 통하는 정치가 이뤄질 수 있는 환경이 갖추어져야 한다. 그런 우리에게 필요한 것은 현재의 정치 한계를 뛰어 넘을 수 있는 새로운 틀이다.

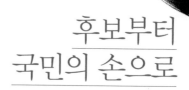

# 후보부터
# 국민의 손으로

정당 득표율 의석 배분제의 성공은 정당의 민주화와 직결된다. 정당의 당내 민주주의 수준이 고도화되고, 부정부패로부터 자유로운 정당 문화가 뿌리내렸을 때 비로소 이 제도가 빛을 발할 수 있기 때문이다. 소수에 의해 좌지우지되는 비민주적인 현 정당 체제 아래에서는 정당 득표율 의석 배분제 같은 제도가 도입되어도 국회의 수준이 높아지기는 어렵다.

독일은 비례 의원 리스트를 작성하는 당의 지도부가 당원들로부터 신뢰를 받는다. 또 투표권을 가진 국민들은 당에서 제공하는 리스트를 꼼꼼히 검토하여 당 지도부의 판단을 검증한다. 하지만 우리 정당들의 공천은 어떤가? 앞에서 여러 번 얘기했듯이, 우리 정치의 가장 큰 문제점은 대통령의 권력에서 비롯된 공천이다. 누군가 내게 "한국 정치에서 단 하나만을 변화시킬 수 있다면 무엇을 바꾸겠는가?"라고 묻는다면 서슴없이 공천 문제라고 이야기할 것이다. 우리 정치를 망가뜨린 근본 원인은 바로 공천 문제이다. 우리 정당을 삼류로 만든 계파와 사당화도 모두 이 공천 문제에서 비롯되었다.

2012년, 새누리당 공천 심사에 커트라인 제도가 도입되었다. 이 제도를 통해 현역 국회의원과 당협 위원장들 중 하위 20%를 걸러 냈다. 물론 하위 20%를 판단한 기준이 무엇이었는지는 알려지지 않았다. 오로지 심사 결과만 있을 뿐이다. 대한민국 국회의 절반이 소속된 거대 정당에서 커트라인으로, 그것도 명확한 기준도 없이 현역 국회의원과 당협 위원장들을 잘라내는 것이 과연 민주적이며 올바른 발상이었는지, 이젠 따져 묻기도 피곤하다. 새누리당의 친이·친박 공천, 민주당의 친노·전대협 공천은 모양과 명칭만 다를 뿐 본질은 같다.

국민의 의사를 보다 적극적으로 반영하기 위해 만든 56석의 비례대표제 역시 공천권의 횡포 아래 당 내 실세의 권력만 키우는 결과를 불러왔다. 새누리당과 민주당은 말할 것도 없고, 정치 혁신을 기치로 내세운 창조한국당에서도 비례대표를 놓고 공천 헌금 문제가 불거졌다. 돈을 낸 사람에게 국회의원이라는 공직이 돌아가는 현실이다. 21세기 대한민국에서는 이렇게 매관매직(賣官賣職)이 성행하고 있다.

아버지로부터 부를 물려받은 2세 부자들이 비례대표로 국회에 입성한 후, 이 자리를 자신과 가문의 재산 지키기에 이용하는 모습은 더 이상 새롭지도 않다. 2008년 새누리당 비례대표 공천에서는 실세가 작성한 쪽지 명단이 그대로 반영되었고, 2012년에는 발표 당일까지 비례대표 공천 순번이 수시로 바뀌더니, 기자회견장에 들어서는 순간까지 아무도 명단을 알 수 없는 웃지 못할 일이 있었다. 드라마의 한 장면이 아니다. 실제 우리 국회, 우리의 대표 정당에서 벌어지고 있는 일들이다.

정당 개혁이 선행되지 않는다면, 비례대표제를 확대하더라도 결과적으로는 당내 소수 실세의 권력만 키우는 결과를 가져올 수 있다는 점을 경고하는 중요한 대목이다. 이를 방지하기 위해서는 모든 과정에 일반 국민과 당원들이 적극적으로 참여할 수 있도록 길을 열어 두어야 한다. 비례대표 명부를 작성할 때에서도 당원과 일반 국민의 지지를 반영해야 함은 물론이다. 유럽의 경우, 비례대표 명부 작성까지의 모든 회의 과정을 녹취하여 선거관리위원회에 제출하는 나라가 많다.

제대로 된 국회의원을 탄생시키기 위해서는 가장 먼저 정당이 바로 서야 한다. 민주적인 정당, 국민을 대표할 수 있는 진정한 정당은 당원과 국민에게 공천 결정권을 돌려줌으로써 만들어진다. 몇몇 대권 주자와 그들을 둘러싼 이너서클 권력자들이 아닌, 국민과 당원의 힘이 정당을 좌지우지할 수 있을 때 비로소 우리가 원하는 정치 개혁이 실현될 수 있을 것이다.

정당 공천의 한계를 극복하기 위해서는 오픈 프라이머리(예비 선거) 도입이 적극 검토되어야 한다. 오픈 프라이머리는 독일을 비롯한 유럽에는 없는 제도로, 정당 구조가 거의 없다시피 한 미국에서 효과적으로 사용되고 있는 제도이다.

유럽식의 내각제를 연구하고 있는 학자들의 입장에서는 대통령 직선 내각제를 주장하면서 오픈 프라이머리를 이야기하는 것이 못마땅할 수도 있다. 하지만 현재 우리나라의 공천 문제를 해결하기 위해서는 이를 도입하는 것이 바람직하다고 본다. 줄 세우기, 줄 서기 정치 문화를 없애고, 국회의원들의 자주적 의사 결정력을 높이려면 그들을 공천으로부터 자유롭게 만들어 주어야 한다.

다음 공천권을 소수의 지도부가 쥐고 있는 상황에서 현직 의원들에게 "당신들 한 명 한 명이 헌법 기관이니, 소신 있게 행동하라."고 주문하는 것은 가혹한 요구이다. 이는 곧 다음 공천에서 낙천되는 것에 개의치 말고 일하라는 뜻인데, 여기에서 자유로울 수 있는 정치인은 사실상 없다. 결국은 권력이 국민으로부터 나와야 국민을 보며 정치할 수 있다. 권력이 소수 지도부로부터 나오는 데 어떻게 그들을 보지 않고 국민만 바라보며 정치를 할 수 있겠는가? 이런 측면에서 우리에게 오픈 프라이머리가 반드시 필요하다는 것이다.

원내에 일정 수 이상의 의석을 가진 정당은 의무적으로 예비 선거를 진행하도록 선거법을 개정해야 한다. 이 예비 선거에서 당선된 각 정당의 대표 선수가 본 선거에서 맞붙도록 해야 한다. 예비 선거를 치르는 과정에서 정당은 1차적인 여과 기능을 하게 된다. 당내 공천 심사 위원회의 심사를 통해, 정당 기여도와 적합도를 기준으로 3배수 정도를 추려 내는 것이다.

유럽형 정치 제도를 연구하는 학자들은 오픈 프라이머리가 정당의 권한을 약화시킬 수 있다는 이유를 들어 반대하기도 한다. 하지만 나는 정당 민주주의와 오픈 프라이머리는 반비례 관계에 있다고 본다. 우리 정당 민주주의의 수준이 높아질수록 오픈 프라이머리의 필요성은 낮아질 것이라는 뜻이다. 수준 높은 정당이, 민주적인 방식으로, 최적의 후보를 공천하여 국민 앞에 내놓을 수 있다면 그 방법이 최상이다. 그렇게 된다면 군이 지역 토호의 발호, 또는 골목 정치로의 퇴행이 우려되는 오픈 프라이머리를 실시할 이유가 없다.

문제는 우리 정당의 수준이다. 지금 같은 밀실 공천, 하향식 공천이 계속 된다면 정당의 민주화는 꿈도 꿀 수 없다. 나는 오픈 프라이머리를 통해 정당 민주화에 한 걸음 가까이갈 수 있다고 보고 있다.

4장

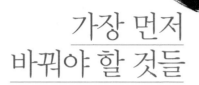

# 가장 먼저
# 바꿔야 할 것들

　대통령의 권력을 분산하기 위한 '대통령 직선 내각제', 정당의 득표율이 의석에 정비례하여 배분되는 '정당 득표율 의석 배분제', 공천의 부정부패를 깨기 위한 오픈 프라이머리. 이 모든 것들은 모두 제도면에서의 개혁 방안이다. 그러나 어떤 제도든 제대로 기능하기 위해서는 결국 그 제도를 운용하는 사람들의 생각이 제대로 정립되어 있어야 한다.

　그런 의미에서 정당의 역할은 매우 크다. 정치의 핵심 주체는 정당이기 때문이다. 정당은 국민들에 대한 대표성을 분명히 정립하고, 정책의 지속적인 생산, 정치 인재의 육성을 통해 국민 정치 참여의 통로 역할을 해야 한다. 정당이 이런 본래 목적에 충실하지 않으면 아무리 좋은 제도가 도입되어도 소용없다. 결국 앞에서 이야기한 대통령 직선 내각제, 정당 득표율 의석 배분제, 오픈 프라이머리 등은 모두 정당 개혁이라는 전제 하에 이루어져야 한다.

한국의 정당은 '리더와 인물 중심'이라는 특성이 있고, 이는 고유한 역사적 배경을 가지고 있다. 박정희 전 대통령 등 군사정권이 만든 동원 조직으로서의 정당과 이에 맞선 김영삼, 김대중 전 대통령의 정당이 현재 우리 양당 체제의 뿌리를 이루고 있다. 그러나 산업화를 위한 자원 동원 체제도, 민주화를 위한 투쟁 동원 체제도 시대적 역할을 다한 지금, 우리나라 정당은 변화를 요구 받고 있다. 이제 산업화와 민주화의 과정에서 성장한 국민이 정치의 참여 주체로 정당의 중심에 서야 하는 시대가 왔기 때문이다.

정당은 선거 시기에만 공약과 인물을 내세우며 국민에게 다가갈 뿐, 의사 결정, 정책 생산, 후보 공천 과정에서는 국민을 완전히 소외시킨다. 모든 것이 그들만의 울타리 안에서 결정되는 것이다. '어떻게 국민을 정당 운영의 중심에 놓을 것인가?'의 과제를 해결해야만 정치 제도의 개혁도 그 운영 주체를 확보할 수 있다.

결국 정당 개혁의 시작은 국민에 대한 신뢰를 바탕으로 국민이 스스로 참여할 수 있는 방법을 만들고, 그것을 의사 결정의 중심으로 삼는 것으로부터 시작된다. 국민 참여가 전시용 이벤트에 그치는 것이 아니라 정당 의사 결정의 가장 큰 힘으로 자리 잡아야 한다.

물론 앞서 이야기한 것처럼 현재 정당을 개혁하기 위한 최우선 과제는 공천 개혁이다. 그러나 정당과 정치권이 국민의 신뢰를 회복하기 위해서는 훨씬 더 많은 것을 바꿔야 한다.

공천과 함께 개혁이 절실한 부분이 정책 분야이다. 우리 정당이 진정으로 국민을 대표하는 집단으로 거듭나기 위해서는 정책 집단으로 변모해야 한다. 정당도 자신만의 콘텐츠를 개발할 수 있어야 한다. 정당이 가질 수 있는 가장 좋은 콘텐츠는 민의를 수렴하고, 이를 정책화하는 과정에서 만들어진다. 이 일은 정당 연구소가 주축이 되어 수행하며, 그래서 정당 연구소의 역할이 중요하다.

그러나 현재 각 정당 연구소의 역할은 기대에 한참 미치지 못하고 있다. 그러니 정당 연구소의 연구 내용을 당내 지도부나 정권 담당자가 외면하고, 선거 기간이 되면 각 후보의 캠프 내에 별도의 싱크탱크를 운영하는 것이다. 물론 이런 한계에도 이유는 있다. 정당의 정책 연구비는 보통 국고로 지원되는데,

그 예산의 상당 부분이 정당의 상근 조직 인건비로 지출되고 있다. 투자가 있는 곳에 결실이 있는 법이다. 이런 현실에서 정당의 연구소가 얼마나 심도 있는, 민의를 반영할 수 있는 정책과 연구 결과를 낼 수 있겠는가?

미국의 헤리티지와 브루킹스, 독일의 아데나워 재단과 에르푸르트 재단 같은 싱크탱크들은 두 나라의 선진화된 정당·정치 문화의 토대가 되었다. 우리에게도 정책을 뒷받침해 줄 이런 싱크탱크들이 필요하다.

우리 정부 산하의 각종 연구소에는 수천 명의 전문 연구 인력이 상근하고 있다. 이들은 소관 부처의 요청에 따라 즉각 연구 결과물을 제공한다. 기업은 말할 것도 없다. 이런 단순한 비교만으로도 정치가 얼마나 뒤떨어져 있는지 알 수 있다. 신뢰도 높은 정책을 만들기 위해서는 전문성이 갖춰져야 하고, 그 토대는 정당 연구소가 되어야 한다. 그래서 최소한 관료나 기업의 전문성에 상대할 수 있을 만큼이라도 정당의 정책 수준을 높여야 한다.

현재 사조직 중심으로 운영되는 연구소들은 정당 중심으로 그 틀을 변화시켜야 한다. 정당의 연구소는 민간 기업이나 정부 조직과 교류하고 토론하면서, 정치적 관점이 반영된 현실성 있는 정책들을 끊임없이 생산해 내야 한다. 이렇게 정당의 정책 연구소가 실질적인 영향력을 지니면, 정당의 지도자가 바뀌고 중심 집단이 바뀌어도 일관성 있는 정책을 추진할 수 있다. 전문적이면서 예측 가능한 정책을 펴는 정당은 자연히 국민들의 신뢰를 얻게 될 것이다.

인재 육성 부분에서도 개혁이 필요하다. 어느 조직이나 그렇겠지만, 정당 역시 영속성(永續性)을 위해서는 사람을 교육하고, 길러내야 한다.

우리 기업은 세계 일류 기업들과 경쟁하고 있고, 관료 사회도 나름대로 전문성과 체계적인 조직을 갖추어 돌아가고 있다. 정치가 엉망이어도 국가가 유지되는 것은 기업과 관료 조직이 기본적으로 작동하고, 그 위에서 국민 대다수가 하루하루를 열심히 살기 때문이다.

여기에 정치가 제대로 역할을 하고, 리더십을 발휘해 준다면 국가 에너지가 얼마나 상승하겠는가. 아무리 뛰어난 기업도 결국은 자사의 이익 중심으로 움직일 수밖에 없기에, 그들은 공공의 역할을 대신할 수 없다. 관료는 자기 직책과 부서의 권한 안에서 안정적이고 뛰어난 기능을 발휘하지만, 국민에 대해 직접 책임을 지지 않는다. 이렇게 돈의 힘으로 움직이는 기업,

자리의 힘으로 움직이는 관료는 공동체를 대표할 수 없다. 그래서 필요한 것이 정치이다.

정치는 국민의 힘을 이끌어 내고 국민의 의사를 실현시킬 수 있다. 또 공동체의 집단적 의지를 파악하고, 설득과 타협을 통해 생각이 다른 사람들과 의견을 조율할 수 있다. 사회적 합의 도출, 갈등 조정을 위해 정치인들이 역동적으로 움직여야 비로소 우리 사회의 잠재력은 폭발할 것이다. 이렇게 정치 리더십은 국가의 중요한 자산이다.

정치 선진국에서는 국력을 좌우하는 정치인을 신중히 키워내기 위해 정당이 적극적으로 나선다. 청년들을 대상으로 하는 정치 교육 프로그램을 개발하여 정치 후보생을 발굴하는 것이다. 지속적인 교육과 훈련을 통해 양성된 정치 후보생들은 성장하여 지방 의원도 되고 국회의원도 된다. 어떤 분야에서 남들보다 탁월한 실력을 갖추기 위해서는 하루 네 시간씩, 최소 십 년이라는 시간이 필요하다는 '일만 시간의 법칙'이 정치 현장에도 적용된다. 우리에게도 이런 과정이 필요하다.

많은 사람들이 우리나라에는 훌륭한 정치인이 없다고 이야기한다. 갈등 조정 능력과 정치 활동 능력이 탁월한 정치인을 쉽게 찾아 볼 수 없는 이유는, 어쩌면 정치인 개개인의 한계

라기보다는 체계적인 교육의 부재와 정당 시스템의 문제일 지
도 모른다. 선거철이 되면 남다른 스펙을 가진 사람들이 신데
렐라처럼 정치권에 등장한다. 그러나 이들은 당의 이미지 쇄신
용 그 이상의 역할을 하지 못한다. 그러니 당권이 바뀌면 내쳐
지고, 또 다른 신데렐라가 나타나는 것이다. 이런 시스템으로
는 국민의 기대에 부응할 수 있는 새로운 정치인이 탄생하기
어렵다.

　새누리당과 민주당이 지난 선거에서 청년의 대표라는 명
목으로 끌어들였던 비례대표들과 미래세대 위원회의 모습은
이런 우리 정치 현실을 반영하고 있다.

### 손수조 "새누리당에 남을 올바른 청년 없다" 발언 파장

　새누리당 손수조 전 미래세대 위원장이 "현재의 시스템으
로는 새누리당에 남아 있을 올바른 청년은 없다"고 주장해
파장이 일고 있다.

　손수조는 지난 8일 자신의 트위터에 "이제 미래세대 위원
회(이하 미세위)라는 이름도 보내고 2013년도 보낸다. 지난 1
년간 전국 방방곡곡을 다녔고 우리의 꿈을 키우며 우정을 쌓
으며 차비도 많이 쓰고 욕도 많이 들었다. 그렇게 치열하게

했고 승리도 이뤄냈다"는 글을 게재했다.

이어 "그래서 더욱 정이 들었고 지키고 싶었던 우리의 미세위. 그러나 새누리당은 이러한 청년의 열정을 결국은 허망함으로 돌려주고야 말았다"고 언급했다.

기존 의원들의 의견을 무시한 낙하산 인사를 강행하고 일부 지역에서는 미세위를 해체시켰다. 윗선이 바뀌면 모든 구성원들의 판을 갈아버리는 현재의 시스템으로는 새누리당에 남아 있을 올바른 청년은 없다고 본다"고 비판했다.

손수조 전 위원장은 "청년은 당 안에서 교육받고 길러져야 한다. 쓰고 버려지면 안 된다. 새누리당이 청년에 대한 관심을 끊는다면, 열정을 바친 청년들에게 등 돌린다면, 새누리당의 미래는 어둡다고 생각한다"고 덧붙였다.

미래세대위원회는 중앙당 청년위원회 산하 조직이다. 손수조는 최근 임기 만료로 미래세대 위원회 위원장직에서 물러났다.

(이투데이, 2013. 12. 9 발췌)

국민들은 국회가 다양한 계층과 지역을 대변하며 대통령의 절대 권력을 견제해 주는 역할을 해 주길 바란다. 그리고 극단적 대립이 아닌, 타협과 상생이 가능한 정치를 해 주기를 바란다. 그것이 국민이 생각하는 합리적인 정치이다.

그런 바람을 이루기 위해, 극단으로 치닫는 국회가 아닌 협력과 소통이 가능한 국회로 변모해야 한다. 국회가 실제 국민의 다양한 목소리를 대변할 수 있는 이들로 채워져야 하며, 특권과 기득권을 내려놓고 국민을 위해 일하겠다는 자세를 갖춰야 한다. 그리고 정당과 국회에서 일어나는 모든 일이 국민에게 투명하게 공개되고 감시받는 환경이 만들어져야 한다.

진정으로 변화가 필요한 시점이다. 권력 구조가 바뀌어야 하고, 정당 구조가 바뀌어야 하며, 선거 제도가 바뀌어야만 한다. 그 중심에는 정당이 있다. 정당과 정치인의 변화를 현실적으로 이끌 수 있는 것은 '틀의 변화'이다. 결국 정당 개혁이 우리 정치 개혁의 시작이 되어야 한다.

# 틀을 바꿔야,
# 진짜로 바뀐다

    정치인의 개혁, 권력의 개혁, 선거 틀의 개혁, 정당의 개혁. 많은 이들이 이러한 이야기를 듣고 나면 고개를 끄덕인다. 실제로 나뿐만 아니라 많은 정치 전문가, 교수, 정치인들이 이러한 개혁을 주장했고, 논의를 진행했다. 지금도 이러한 정치 개혁안들이 국회에 상정되어 있다. 그러나 현실의 길은 멀고도 험하다.

    많은 사람들이 내게 묻는다.

    "가능하겠어요?"

    내가 되묻는다.

    "많은 부분 동의하시잖아요. 실제로 우리에게 꼭 필요한 것들이기도 하고요. 그런데 왜 불가능하다고 생각하세요?"

돌아오는 답은 항상 비슷하다.

"정치인들한테 기득권을 다 내려놓으라는 말이잖아요. 결국 당사자들이 바뀌어야 하는데……. 그게 되겠어요? 미쳤어요? 그 사람들이 어떤 사람들인데……."

## 왜 변화가 힘들었는가?

맞는 이야기다. 사실 그래서 우리 정치가 이 모양이다. 그동안 끊임없이 제기되었던 수많은 논의들은 언제나 원점으로 돌아왔다. 국민의 요구에 따라 스스로 밥상에 그 안들을 올려놓고, 마지막 순간이 오면 반대했다. 여러 이유가 있었지만 결국은 기득권의 문제였다. 그들은 '내 것'을 내려놓지 못했다.

대표적인 것이 개헌 논의이다. 정치인들의 언어로 표현하자면, 이런 개혁안은 언제나 '정략적'이었다. 주도권을 쥔 세력들이 계파 싸움에서 불리한 위치에 처하거나, 당 대권 주자가 다음 선거에서 질 것 같으면 내 놓는 상품이 바로 개헌이었다. 그러나 어느 방향으로 보아도 손해인 협상안을 받아들일 상대는 없다.

노무현 정권 말기에 있었던 대연정 제안이 그 사례이다. 핵심은 대통령에게 집중된 권력을 분할하여, 한나라당과 민주당 의원 수의 비율대로 관료를 임명하자는 것이었다. 정파를 뛰어넘어 민주적인 행정부를 꾸리자는, 그야말로 파격적인 제안이었다. 그러나 한나라당은 이것을 받아들이지 않았다. 당시 노무현 대통령의 지지율은 바닥이었고, 이미 민주당 및 친노 진영의 정권 연장은 불가능한 상태였다. 이대로라면 다음 권력은 한나라당의 몫인데, 대연정을 받아들여 구지 민주당과 힘을 나눌 이유가 없었다. 그러다보니, 당시의 대연정 제안은 벼랑 끝에 몰린 노무현 전 대통령이 절치부심 내놓은 일종의 정략적 카드라고 해석될 수밖에 없었다. 개헌 논의는 언제나 이런 상황에서 제안되고, 거부되었다.

우리 정치 역사에서 개헌 논의를 가로막은 이들은 언제나 당선 가능성이 높은 후보들이었다. 대통령이 되기 위해 수십 년간 한 길만 달렸는데, 골인 지점을 눈앞에 두고 자신이 누릴 수 있는 달콤한 권력을 나누고 싶은 사람이 몇이나 되겠는가?

노무현 전 대통령과 같이 레임덕에 빠졌던 대통령들은 모두 개헌안을 내놓았다. 그러나 이를 곧이곧대로 들어줄 상대는 없었다. 이런 이유로 어떤 정치인도 선뜻 개헌 이야기를 내놓지 못한다. 이기거나 지는, 두 가지 경우의 수만 허용되는 이분 법적인 정당 구조 아래에서는 당연한 결과이다. 설사 진정 국 가를 위한 순수하고 절박한 의도에서 개헌안을 발의한다 하더 라도, 대통령에게 모든 권력이 집중되어 있는 상황에서는 자칫 현 정권에 대한 도전으로 받아들여지기 십상이다.

한편으로는 앞서 본 정치인들처럼 정쟁에 휘말리면서 의 미가 곡해되는 경향도 있다. 오해가 있다면 대화와 협상으로 풀어야 하지만, 이런 상황에 당당히 맞서 주장을 펼칠 수 있는 국회의원들은 많지 않다. '잠시라도 정신줄을 놓았다가는 한 방에 훅 가는' 정글같은 우리 정치 환경에서, 입바른 소리는 사 치이다.

이 이야기를 따라가다 보면 사실 답은 더욱 명확해진다. 결국 이 모든 개혁은 주도권을 쥔 사람의 손에 달렸다. 국민 지지율과 당선 가능성이 높은 주자가 스스로 권력을 내려놓아 야 정치 개혁을 할 수 있다.

그런 측면에서 지난 대선에서 안철수 의원의 역할은 매우 아쉬웠다. 내가 봤을 때 안철수 의원의 양손에는 기형적이며 흉 물스러운 현재의 한국 정치의 틀을 한방에 날려버릴 수 있는 훌 륭한 검이 쥐어져 있었다. 국민이 기꺼이 그에게 그런 칼을 주었다. 그러나 그는 그저 "싸우지 마세요! 상식의 정치를 하세요!"라는 구호를 외치는 데 그쳤다. 그가 제기한 정치의 문제점은 국민이 느끼는 정치권에 대한 불만 수준을 넘지 못했다. 우리 정치를 한 단계 끌어올린 구체적 대안도 제시하지 못했다. 어쩌면 현실 정치의 경험이 전무(全無)한 그에게는 처음부터 버거운 일이었을지 모른다. 어쨌건 국민은 안철수 의원에게 기회를 주었고, 준비되어 있지 않았던 그는 기회를 놓치고 말았다.

## 언제, 어떻게 바꿀 것인가?

우리는 대한민국 역사에서 정치적인 혁신이 일어난 시기를 눈여겨 볼 필요가 있다. 진정한 의미의 민주적, 정치적 개혁은 언제였을까?

4.19혁명과 6월 항쟁이 떠오른다. 우리의 민주주의를 한 걸음 발전시킨 이 변화들은 어떻게 가능했을까? 두 사건 모두 공통점이 있었다. 더 이상 참기 힘든, 사실상 기존 정치체제의 기능 마비 상태에서 국민이 스스로, 저항권을 행사하여 이뤄진 변화라는 점이다. 국민의 저항에 기득권이 두 손을 들고 사실

상 국민에게 백기 투항한, 그후 생겨난 공백을 메우기 위한 정치권의 합의에 의한 변화였다.

지금 우리 사회도 당시만큼 정치에 대한 불신과 저항감이 팽배해 있다. 이로 인한 국민의 분노와 고통 역시 다를 것이 없다. 그렇다고 해서 그때처럼 물리적인 힘을 동원한 아래로부터의 개혁을 이루자는 것은 아니다. 그러한 사태는 자칫 국가적인 불행을 가져올 수 있다.

지금 우리 정치를 바꾸기 위해서는 권력들이 나서야 한다. 스스로 문제점을 인정하고, 국민들이 요구하는 새로운 정치로 변화해야 한다.

어떻게 할 수 있을까? 물론 정치인과 정당 스스로의 변화의 몸부림이 절실하다. 이를 현실화하기 위해서는 무엇보다 현재 정당과 정치권력들의 기득권 내려놓기가 선행되어야 한다. 그렇게 사람이 바뀌고, 정당이 바뀌고, 틀이 바뀌어야 한다.

대통령의 권력을 둘러싼 개헌은 대통령이 발의하는 방법과 국회가 발의하는 방법이 있다. 그런데 현실적으로 집권 초기의 대통령이 개헌 화두를 꺼내기는 쉽지 않다. 정치의 중심의제가 개헌으로 옮겨가 버리면 국정 운영 추진 과제들의 동력이 떨어지고, 개헌에 대한 입장 차이로 인해 집권당이 분화될 수 있기 때문이다. 더욱이 애초에 개헌을 공약하지도 않은 현직 대통령을 압박해서 개헌에 동참시키기는 것은 정치적으로나 현실적으로 무리가 있다. 그렇다고 대통령의 참여 없이 국회 단독으로 개헌을 발의하고 의결하는 것은 의결 정족수를 확보하기 어려울 뿐 아니라, 자칫 의회가 대통령의 권력을 빼앗아 나눠 가지려는 밥그릇 싸움으로 비쳐질 수 있다. 결국 개헌이 실현되려면 당선된 대통령이 주창하고 국회의 다수가 동의하는 상황이 만들어져야 한다.

그러나 이런 경우에도 대통령이나 국회가 독단적으로 내용을 정하고 추진해서는 안 된다. 때문에 대통령 선거 과정에서부터 범국민적인 토론을 거쳐 사회적인 합의점을 만들어야 한다. 그래야만 국민들도 개헌 논의에 참여하고 자신의 일로 받아들일 수 있게 된다. 대통령 선거 과정에서 이루어지는 개헌 논의에 대해서는 민생을 소홀히 한다거나 국정 운영의 동력을 떨어뜨린다는 식의 비판이 원천적으로 불가능하다. 대통령 선거 과정 자체가 국가 운영의 틀에 대한 범국민적 토론 과정이고 결정 과정이기에, 그 내용 속에 개헌 문제가 들어가는 것은 자연스럽고 당연한 것이다.

한편, 국회의원 선거제도의 개정은 국회에서 언제든지 할 수 있다. 개헌이든 어떤 정치 개혁이든 근본적인 한계는 자기 기득권에 대한 희생 없이 남들의 양보만 요구한다는 데에 있었다. 국회의원들은 자기 기득권을 내놓는 선거 개혁을 하고, 대통령은 임기의 일부와 절대 권력을 내려놓는 희생의 방식으로 개헌을 주창해야 한다. 그래야지만 국민과 정치권 모두에게 환영받을 수 있는, 상호 신뢰를 바탕으로 한 진정성 있는 개헌을 할 수 있다.

그렇다면, 우리는 언제 개헌 논의를 시작해야 할까? 가장 적절한 시기는 선거 때이다. 모든 정치인들의 목표는 선거에서 승리하는 것이다. 그래서 다음 대통령 선거가 중요하고 또 좋은 기회가 될 수 있다. 2017년 대선에 출마하는 후보는 권력 구조 개헌을 약속하고, 대통령 임기 시작과 동시에 개헌을 추진해야 한다. 그러면 2020년 4월, 국회의원 선거를 통해 대통령과 수상을 뽑고 새로운 정치체제를 완성할 수 있다. 대신 19대 대통령 당선자는 절반의 임기만을 보내겠다는 각오가 되어 있어야 한다. 국민들은 이런 희생을 감수할 후보를 가려 뽑으면 된다.

개헌을 위해서도 2016년 국회의원 총선은 새로운 제도로 치러져야 한다. 정당 득표율 의석 배분제로 당선된 새로운 국회의원들이 2017년에 대선을 치루고 2020년의 새로운 정치체제를 구축해야 한다. 그런 의미에서 2016년 국회의원 선거는 정초선거(定礎選擧)가 될 것이다. 개혁이 원활히 진행되기 위해 우리 정치권은 2015년까지 새로운 국회의원 선거제도를 합의해야 한다. 국회의원 선거제도의 개혁은 헌법을 고치지 않아도 가능하다.

우리는 1987년, 민주주의를 시작했다. 그로부터 약 30년이 지난 지금, 민주주의의 질적 발전을 이룰 단계이다. 김영삼 정부에서 이명박 정부까지, 많은 정부를 거치며 변화의 방향은 선명해졌다. 남은 것은 우리의 의지이다.

이에 동참할 뜻 있는 정치인들이 국회에도 분명 있다. 이렇게 연합하여 집권한 세력들이 변화와 혁신을 주도해야 한다. 지난 대선에서 문재인 후보가 심상정 의원의 압박을 받아 결선 투표제와 다당제의 기틀이 될 수 있는 내용을 대선 공약으로 내걸긴 했다. 그러나 대부분의 유권자들은 이런 공약에 대해 잘 알지 못했다. 심지어 정치권 내에서도 이를 아는 이는 극히 드물다. 단일화에 앞서 벼락치기하듯 이뤄진 일이었고, 그 진정성이 의심되는 상황이었기에 파괴력이 크지 않았다.

정치권의 변화와 개혁을 요구하는 목소리는 더욱 커질 것이다. 다가올 국회의원 선거와 대통령 선거에서부터 시작될 지 모른다. 정치권에서는 국민의 요구에 응답할 준비를 해야 한다.

## 정치 주체들에게 보내는 호소문

이 자리를 빌어 각 정치 주체들에게 호소하고 싶은 말이 있다. 현재 여당과 야당, 그리고 아직 실체가 완전히 드러나지 않은 미래의 야당에 당부하고 싶은 말이다.

___ 새누리당의 동료들에게

그동안 새누리당은 반공과 경제 성장이라는 거대한 프레임 위에서 든든하게 존재해 왔다. 유권자의 30%에 이르는 탄탄한 고정 지지층이 언제나 우리를 뒷받침해 주었고, 지금도 정치 지형과 틀이 어떻게 바뀌든 가장 유리한 입장에 서 있다. 그러나 대통령 선거에서 51 대 49로 승리해 정권을 잡은 뒤, 극한의 대결 정치를 겪다가 레임덕으로 허망하게 무너진 경험이 수차례 있다. 주류 집권 계층의 권력 독식에 따른 대가였다.

사회는 점점 더 다양화, 복잡화되고, 그만큼 국민들의 요구

수준도 빠르게 높아지고 있다. 이런 상황에서 과거와 같이 국민의 절반을 적대시해서는 안 된다.

지금 우리 사회에서 정치가 할 수 있는 가장 큰 역할은 국민과 직접 소통하여 합의를 이끌어 내는 것이다. 우리가 더 큰 가치를 지니기 위해서는 다양한 집단, 분야와 교류하고, 반대 세력과도 대화하며 조율하는 포용의 리더십을 가져야 한다. 그래서 대한민국 국민의 에너지를 살리고, 통합으로 이끌어야 한다.

장기적으로 우리 정치의 틀은 다당제의 연합 정치를 향해 변해갈 것이다. 이제 그에 발맞추는 새로운 자세가 필요하다. 독선적인 자세를 버리고, 진지하게 우리와 연합할 수 있는 파트너를 찾아야 한다. 그래야 국민 70%의 지지를 받는 안정적인 정권이 될 수 있다. 모든 과정에서 기득권을 버리고 타협하고, 조율하고, 배분해야 함은 물론이다.

선거 때만 중도 층을 겨냥한 개혁 공약을 내걸었다가 선거가 끝나면 당선자 입만 쳐다보는 지금과 같은 상황이 계속되어서는 안 된다. 선거 때 내놓는 공약이, 유효한 세력 연합에 의해 상시적으로 담보가 되는 제도화된 연합 정치로 가야 한다.

—— 민주당의 정치 파트너들에게

민주당은 지금과 같은 진보와 보수의 이념 대결 구도로는 과반수의 지지를 확보하기 어렵다. 이념을 초월한 유권자 층이 늘면서, 과거 국민 다수에게 부채 의식을 불러일으켰던 민주화라는 명분은 더 이상 위력을 가지지 못한다. 게다가 민주당 역시 절대 우세 지역에서 공천과 기득권에 안주하는 집단이라는 인식이 커져 지지자들에게 실망을 안겼고, 이제는 텃밭 지역에서조차 1당 지위를 담보할 수 없는 상황에 몰려 있다.

여기에 선거 때만 되면 좌파 진보 정당과 연합 공천을 해야 하는 상황이 고착되고 있다. 이런 행태가 반복될수록 좌파 진보 정당의 헛발질에 대한 연대 채무자로서 책임을 피하기 어려워진다.

민주당은 단기적으로 정치 세력들이 각개약진하여 국민적 지지의 실체를 확인한 후, 다양한 연대 방안을 모색해야 한다. 이 과정에서 중요한 것은 이미 여러 차례 실패한 단일화 이벤트에 의존해서는 안 된다는 점이다. 벼랑 끝에서 행해지는 진보 세력 대통합 형식의 단일화로는 근본적 한계를 벗어날 수 없다. 다당제와 연합 정치로 큰 방향을 잡고, 다양한 연합을 생각해 보아야 한다. 궁극적으로는 영남-호남 연합 정권도 가능한 수준의 개방성을 보일 때 가장 큰 지지를 얻을 수 있을 것이다.

물론 당장은 호남 지역민의 반발을 살 수도 있다. 그러나 단독으로는 어렵다는 현실을 인지해야 한다. 15대 대통령 선거 당시, 김대중 후보와 김종필 후보가 DJP 연합으로 힘을 모았지만 겨우 37만 표 차이로 어렵게 당선되었다. 노무현 전 대통령은 재임 당시 원활한 국정 운영을 위해 한나라당과의 대연정을 제안했지만 거절당했다. 그 후 노무현 정부는 더욱 심각한 레임덕에 빠지고 말았다. 민주당 역시 이러한 과거에서 교훈을 얻어야 한다.

___ 안철수 의원을 포함한 제3의 정치 세력을 꿈꾸는 이들에게

안철수 의원 중심의 새 정치 움직임에 대해서 많은 국민들이 아직도 그 실체가 무엇인지 묻고 있다. 나는 안철수 의원의 새 정치가 하루빨리 가시화되길 바란다. 그래서 기존 정당에 의해 지배되고 있는 우리 정치의 틀을 바꾸는 기폭제가 되기를 소망한다.

새 정치에서는 다양한 실험이 이루어질 수 있다. 정당 내 의사 결정과 정책 토론 과정에 국민들의 참여를 최대화시켜, 한국 정치의 정책 결정 문화를 선도할 수 있다. 후보 공천 과정

에는 유권자의 의견을 반영하여 공천 개혁의 긍정적인 사례를 남길 수 있으며, 이로 인해 국민 가까이에서 함께 숨 쉬는 일상적 정당이 될 수 있다.

또 당원들에게 보다 많은 역할을 줌으로써 새로운 의미를 부여할 수 있다. 기존 정당에서 당원은 대부분 명부상에만 존재하는 동원의 대상이었다. 그러나 새 정치에서는 당원이 실시간으로 정책 토론에 참여하고, 투표하며, 후보 결정에 영향을 미침으로써 정당의 의사 결정에 지대한 영향을 끼치는, 적극적인 존재가 될 수 있다. 이러한 새 정치의 실험이 한국 정당 개혁의 돌파구가 되고, 기성 정당들에 자극제가 되어 정당 개혁의 경쟁 시대를 이끌어낸다면 더없이 바람직할 것이다.

제도 개혁에 대해서도 지금처럼 애매한 노선을 취해서는 안 된다. 연합 정치 방향으로 분명히 해야 한다. 대통령 선거에서 후보 단일화의 한계점은 누구보다 잘 알고 있을 것이다. 이런 폐해를 줄이기 위해서도 연합 정치는 꼭 필요하다.

안철수 의원은 18대 대선 당시에 정치 개혁을 위해 국회의원 숫자를 줄이겠다는 공약을 한 적이 있다. 그러나 단순히 의원 수를 줄이는 것이 정치 개혁 방향이 될 수는 없다. 그보다는 국회가 제대로 기능하게 하고, 현실의 여러 정치 세력이 합의를 이루어 국가 에너지를 발전적인 방향으로 쓸 수 있도록 하는 것이 시급하다. 국회 내에서의 새 정치는 지금의 극한적 대결 정치를 종식시키는 것에서부터 시작되어야 한다.

그동안 국민들은 결국 사람이 많은 것들을 바꿔줄 수 있을 것이라 희망했었다. 지금의 안철수 현상은 그러한 희망의 단면이다.

사람은 중요하다. 나 역시 이에 동의한다. 그러나 그런 사람이 들어오고, 활동할 수 있는 공간을 만들고 기회를 만드는 것은 제도이자 틀이다. 나는 지난 12년간의 국회의원 생활과 역대 정권의 교체 과정을 보면서 그 필요성을 절실하게 느꼈다. 새 정치에서도 이것이 중요하게 논의되어야 한다. 사람이 바뀌어야 하는 것은 당연한 문제이고, 그에 못지않게 제도적 틀을 바꾸는 데에도 큰 비중을 두어야 한다.

마지막으로 국민께 절실하게 호소하고 싶다. 앞서 이야기한 정치인의 변화도, 정당의 혁신도, 새로운 틀의 마련도 모두가 결국에는 국민의 손에 달려 있다.

이제 정치권의 지긋지긋한 악순환을 끊어야 한다. 반대를 위한 반대, 정부 대 반정부 구도에서 벗어나 국민의 다양한 의사를 반영할 수 있는, 연립 정권으로 변화해야 한다. 모두에게 기회가 열려있고, 또 모두가 승자가 될 수 있는 그런 정치 제도가 시행되어야 한다.

정치를 바꿀 수 있는 유일한 권력은 국민이고, 선거이다. 나는 대한민국의 국민을 믿는다.

# 좌우가 아니라 아래로 간다

나는 실패했다.

2000년, 36세 나이에 한나라당의 젊은 피로 영입되어 3선 국회의원을 하는 동안, 단 하루도 마음이 흔쾌하고 갈등 없는 날이 없었다.

정치에 참여하고 한나라당을 선택한 것은 나름의 가치와 책임, 그리고 신념 때문이었다. 산업화와 민주화는 함께 아울러야 할 가치였고, 격차 완화와 합의 가능한 정치를 만드는 것이 우리 세대의 책임이었으며, 대한민국의 변화를 위해서는 한나라당이 개혁적 보수로 변화해야 한다는 확고한 신념이 내게 있었다.

그러나 지난 12년간 정치에 뛰어든 목적과 현실의 한계가 매 순간 충돌했다.

나는 한나라당의 개혁파로서 당 내에서 끊임없이 쓴소리를 내 왔다. 그러나 당의 보수적 체질을 바꾸고 소장 개혁파의 주장을 세력화 하는 데는 실패했다. 절실한 나의 외침은 그저 위기를 경고하는 것 그 이상의 역할을 하지 못했다. 나와 나의 주장은 새누리당의 보수 체질을 숨기는 장식품일 뿐이었다.

그렇게 12년을 보내면서 당 내에서 나의 역할에 대해 끊임없이 갈등했다. 주류와 대립각을 세울지, 당에 뿌리를 내리기 위해서 조직의 논리에 동조할지 기로에서 선택을 해야 했다. 어설프게 조직 논리에 동조했을 때의 찜찜함과 자괴감은 두고두고 나를 괴롭혔다. 확신과 용기로 기득권과 대립했을 때에는 홀로 외로운 시간을 견뎌야 했다.

지금, 국회의원이라는 명찰을 내려놓은 나에게 다시 묻는다.
'나는 왜 정치를 시작했는가?'
'여기에서 나는 어떤 성과를 냈는가?'

한국 보수 정치의 체질을 바꾸고자 했던 나의 목표는 이루지 못했다. 그러나 12년간 거칠게 부딪히며 체득한 경험은 생생히 남았다.

지난 대선 이후 불고 있는 안철수 현상은 나를 더욱 참담하게 한다. 여러 사람들이 나를 비난하듯 말했다.

"안철수를 불러낸 것은 바로 당신과 같이 현실을 바꾸지 못한 정치인들이었다."

안철수 현상은 나를 포함한 정치권 모두의 업보가 되어 버렸다. 정치권끼리 진영 논리에 빠져 국민의 삶을 돌보지 않자, 국민들은 스스로 새로운 인물을 찾아 나섰다. 결국 기존 정치의 실패와 여기에서 쌓인 국민의 절망이 안철수를 새로운 희망으로 떠오르게 했다.

그러나 과연 안철수라는 그릇이 국민들의 지지에 보답할 수 있을까? 현실에서 그의 이상적인 생각이 실현될 수 있을까? 인물에 의존해 만들어지는 정당은 실패한다. 정당은 뚜렷한 명분이 있어야 한다. 아울러 정치적 결사 조직으로서 집단적 의사 결정 능력과 실행 능력을 갖추어야 한다.

정치 활동 경험이 없는 인물이 하루아침에 정치 지도자로서 지도력을 갖출 수는 없다. 또, 새 정치에 대한 구체적인 논의가 이루어지지 않은 상태에서 기존 정당에 대한 실망과 반발심에만 의존해서는 기존 야권 진영의 세력 재편 수준을 넘어설 수 없다.

결국 먼저 바꿔야 할 것은 인물이 아니라 정치의 틀이다. 틀을 바꾸지 않으면 아무리 뛰어난 사람이 나타나도 힘을 발휘할 수 없다. 정당과 의회라는 틀 안에 들어가면 소수의 힘으로 어쩔 수 없는 상황 논리와 집단 논리의 한계에 갇히게 된다. 그래서 많은 정치인들이 정당을 옮기기도 하지만, 그런 수준으로는 기존 정치의 대결 구도를 바꿀 수 없다.

기존의 틀 안에서 인물 중심으로 세력화하는 것이 아니라, 정치의 틀을 바꿔 각자의 자리에서 세력 재편을 통해 국민적 지지를 얻기 위한 경쟁을 해야 한다. 한국 사회의 발전 수준과 다양성을 고려하면 최소한 4~5개의 정당(예컨대, 우파, 중도 우파, 중도 좌파, 좌파, 생태)이 경쟁하고 연합하는 구도가 되어야 한다. 이렇게 다당제의 연합 정치를 향해 나아가야 한다. 궁극적으로는 독일의 기민당과 사민당 연립 정권처럼, 한국에서도 좌파와 우파의 연합, 영남과 호남의 연합 정부가 가능할 정도로 합의를 이루고 제도화해야 한다.

다당제의 정착을 위해서 국민의 표심이 국회 의석으로 정비례하게 반영되는 정당 득표율 의석 배분제 도입이 필요하다. 정당 개혁의 토대 위에서 국회의 과도한 지역 대표성은 줄이고 비례대표 의석을 확대하는 방향으로 나아가야 한다.

제왕적 대통령의 권력은 내각에 분산시키는 '대통령 직선 내각제'로 개헌이 필요하다. 무엇보다 국회의원을 밀실 공천으로부터 자유롭게 해야 한다. 공천 과정에 국민이 적극적으로 개입함으로써 권력이 국민으로부터 나오도록 만들어야 한다.

새로운 정치의 틀에 대한 논의는 열려 있다. 한꺼번에 다 바꿀 수 있는 것도 아니다. 정치권의 합의 수준만큼 바뀌게 된다. 오랜 시간이 걸려도 좋다. 가야할 길이라면 피하지 말고, 지금 한걸음을 내딛어야 한다.

개혁은 속도보다 방향이 중요하다. 정치권의 합의를 강제하는 것은 국민의 사회적 합의이다. 그저 정치에 절망하고 분노하는 것만으로는 실질적인 변화를 일으킬 수 없다. 특정 인물에게 기대를 쏟아 부어도 양당 대결 정치의 진영 논리는 또다시 절망적인 결과를 가져올 것이다. 이제는 국민 스스로가 정치권에 의한 편 가르기를 거부하고, 정치의 틀을 바꾸어야 한다. 정치의 길을 열어 주는 주체가 국민이 될 때, 정치인들은 비로소 순순히 기득권을 버릴 수 있을 것이다.

이 책을 쓰면서 앞으로 무엇을 할지에 대해 고민했다. 나는 이미 실패를 맛보았지만, 그에 따른 새로운 책임감도 느낀다. 나와 같은 절망을 느끼는 정치인이 없도록, 더 이상 실패하지 않도록 틀을 바꾸는 데에 나의 미래를 걸 생각이다.

어떤 사람들은 나에게 묻는다.
"새누리당을 떠나 다른 당으로 갈 것이냐?"고.

내가 어느 당에 있는가는 중요하지 않다.
중요한 것은 내가 무엇을 하고 있는가이다.

나는 정치의 틀을 바꿀 것이다.
나는 좌, 우가 아니라 아래로 간다.

국민의 삶의 문제 속으로 다시 들어갈 것이다.

거기에서 정치의 의제와 해결 방안을 고민할 것이다.


정치권의 편 가르기의 경계를 뛰어넘어 넓게 옆으로 만나고 소통할 것이다. 각자의 자리와 주장을 존중하면서도 정치의 틀을 바꿀 수 있는 공동 협력 프로그램을 논의하고 실행할 것이다.


또다시 찾아올 외로움은 어쩔 수 없을 것 같다. 그러나 이젠 찜찜함 대신 흔쾌한 확신을 가지고 갈 수 있으리라 믿는다.

이 잘못된 틀을 근본적으로 바꾸는 것이 그동안의 실패를 만회하는 가장 현실적인 방법이자, 먼저 정치를 경험한 선배로서 새로운 세대의 요구에 응답하는 일이기 때문이다.

# 무엇이 미친 정치를 지배하는가?

**초판 1쇄 인쇄** 2014년 2월 10일
**초판 2쇄 인쇄** 2014년 2월 19일

**지은이** | 원희룡
**펴낸곳** | 도서출판 이와우
**출판등록** | 2013년 1월 24일, 제396-2013-000005호
**주소** | 경기도 고양시 일산동구 일산로 229 글로리아코아빌딩 5층
**ISBN** | 978-89-98933-04-3 (03340)
**이메일** | editorwoo@hotmail.com

책값은 뒤표지에 있습니다.